フォン・ノイマンの哲学

人間のフリをした悪魔

高橋昌一郎

講談社現代新書

2608

はじめに　人間のフリをした悪魔

二〇世紀を代表する天才のなかでも、ひときわ光彩を放っているのが、ジョン・フォン・ノイマンである。

彼は、わずか五三年あまりの短い生涯の間に、論理学・数学・物理学・化学・計算機科学・情報工学・生物学・気象学・経済学・心理学・社会学・政治学に関する一五〇編の論文を発表した。

天才だけが集まるプリンストン高等研究所の教授陣のなかでも、さらに桁違いの超人的な能力を発揮したノイマンは、「人間のフリをした悪魔」と呼ばれた。彼は「コンピュータの父」として知られる一方で、原子爆弾を開発する「マンハッタン計画」の科学者集団の中心的指導者でもあった。

彼の死後、生前の論文を集めて出版された英語版『フォン・ノイマン著作集』は、全六巻で合計三六八九ページに及ぶ。第一巻「論理学・集合論・量子力学」、第二巻「作用素・エルゴード理論・群における概周期関数」、第三巻「作用素環論」、第四巻「連続幾何学とその他の話題」、第五巻「コンピュータ設計・オートメタ理論と数値解析」、第六巻

「ゲーム理論・宇宙物理学・流体力学・気象学」というタイトルを眺めるだけでも、彼の論文がどれほど多彩な専門分野に影響を与えたか、想像できるだろう。

プログラム内蔵方式の「ノイマン型コンピュータ」、量子論の数学的基礎に登場する「ノイマン環」、ゲーム理論における「ノイマンの定理」など、二〇世紀に進展した科学理論のどの研究分野を遡っても、いずれどこかで必ず何らかの先駆者として「ノイマン」の導いた業績に遭遇する。ネットで検索すると、「ノイマン集合」、「ノイマン・ボトルネック」、「ノイマン・モデル」、「ノイマン・パラドックス」など、彼の名前が冠された専門用語を五〇種類以上発見することができる。

その一方で、ノイマンがいかに世界を認識し、どのような価値を重視し、いかなる道徳基準にしたがって行動していたのかについては、必ずしも明らかにされているわけではない。さまざまな専門分野の枠組みの内部において断片的に議論されることはあっても、総合的な「フォン・ノイマンの哲学」については、先行研究もほとんど皆無に等しい状況である。

そこで、ノイマンの生涯と思想を改めて振り返り、「フォン・ノイマンの哲学」に迫るのが、本書の目的である。それも、単に「生涯」を紹介するだけではなく、彼の追究した「学問」と、彼と関係の深かった「人物」に触れながら、時代背景も浮かび上がるように工夫して書き進めていくつもりである。ノイマンの哲学とは何か、読者に一緒にお考えいただけたら幸いである。

はじめにフォン・ノイマンの生涯を概観し、とくに日本と関係の深い原爆投下に関連してノイマンの果たした役割を振り返ってみたい。

ジョン・フォン・ノイマン誕生

ジョン・フォン・ノイマンは、一九〇三年一二月二八日、オーストリア・ハンガリー帝国のブダペストで生まれた。

ハンガリー王国は、西暦一〇〇〇年、ローマ教皇からの王冠授与によって建国されたカトリック教国である。一三世紀にモンゴル帝国に侵略され、一六世紀にはオスマン帝国に占領されたこともあるが、一七世紀に神聖ローマ帝国の一部となって国土を回復した。その後は国土拡大を繰り返し、最大領域は、現在のハンガリーとスロバキア共和国の全域、さらにクロアチア、セルビア、ルーマニア、オーストリアの一部にまで達している。

中央ヨーロッパは古くから「ヨーロッパの火薬庫」と呼ばれ、今も多民族国家間でさまざまな国際紛争が生じている。しかし、一八六七年、ハプスブルク家のオーストリア皇帝がハンガリー国王を兼ねるオーストリア・ハンガリー二重帝国が成立し、それ以降は、この地域に安定と繁栄がもたらされた。

この平和は、一九一四年に第一次世界大戦が勃発するまでの五〇年ほどの短期間しか続かなかったが、ノイマンは、この幸運な時期に誕生し、優雅な少年時代を送ることができたのである。

ブダペストは、一八七三年にドナウ川を挟む西岸ブダと東岸ペストが合併して、ハンガリー王国の新しい首都となった。ノイマンの生まれた一九〇三年、ブダペストの人口は八〇万人を超え、ロンドン、パリ、ベルリン、ウィーン、サンクト・ペテルブルクに次ぐヨーロッパ第六位の大都市だった。その美しい景観は、当時から「ドナウの真珠」と呼ばれている。

二〇世紀初頭のハンガリー王国の小麦粉輸出は世界一を誇り、ブダペストの経済成長率はヨーロッパ第一位だった。パリのシャンゼリゼをモデルに作られたアンドラーシ通りの地下には、ヨーロッパ大陸初の地下鉄網が張り巡らされた。

当初ロンドンの地下鉄を走っていたのは蒸気機関車で、ブダペストの電気式地下鉄は世界でも類を見ない光景だった。街並みには六〇〇を超えるカフェがあり、ヨーロッパ最高峰の高等教育で知られるギムナジウムが三校もあった。

後にアメリカ合衆国でノイマンと一緒に「マンハッタン計画」を推進したレオ・シラー

ド（一八九八年生）、ユージン・ウィグナー（一九〇二年生）そして「水爆の父」エドワード・テラー（一九〇八年生）という三人の物理学者、さらに「暗黙知」で知られる哲学者マイケル・ポランニー（一八九一年生）、「ホログラフィー」を発明した電子工学者デーネシュ・ガーボル（一九〇〇年生）、「放浪の天才数学者」ポール・エルデシュ（一九一三年生）も、オーストリア・ハンガリー二重帝国時代のブダペストで生まれ、三校のギムナジウムどれかの卒業生である。

ノイマンとウィグナー

このなかでノイマンと最も親しくなったのは、ギムナジウムで一級年上のウィグナーだった。彼は、後にベルリン工科大学のポランニーの下で博士号を取得している。ナチス・ドイツの迫害を逃れてアメリカ合衆国に亡命し、ウィスコンシン大学教授を経てプリンストン大学教授となった。一九六三年には「原子核と素粒子の理論における対称性の発見」によりノーベル物理学賞を受賞している。

そのウィグナーが、「なぜ当時のブダペストにこれほど多くの天才が出現したのか」という質問に対して、次のように答えている。

「その質問は的外れだよ。なぜなら天才と呼べるのはただ一人、ジョン・フォン・ノイマンだけだからだ！」

ある日曜日の午後、一一歳のノイマンと一緒に散歩をしていた一二歳のウィグナーは、ノイマンから「群論」を教えてもらったという。ウィグナーは、後にノーベル物理学賞を受賞することから推測できるように、幼少期から数学も抜群に優秀だったが、群論はまったく未知の概念だった。その当時、ノイマンの数学はすでに大学院レベルに達していた。

この頃、ウィグナーが「おもしろい定理があるんだけど、証明できるかな？」とノイマンに尋ねたことがあった。それはウィグナーには証明できない「数論」の難解な定理だった。彼は、いくらノイマンでも、容易に証明できるはずがないと思って尋ねたのである。

するとノイマンは、「この定理を知っている？　知らないか……。あの定理はどうかな？」と、さまざまな数論の基本的な定理を挙げて、ウィグナーがすでに知っている定理をリストアップした。そして、それらの定理だけを補助定理として用いて、遠回りしながらではあるが、結果的にその難解な定理を証明してみせたのである。さらにノイマンは、ウィグナーの知らなかった別の適切な補助定理を用いれば、もっと簡潔に証明できることも説明してみせた。

自分が難解だと思っていた証明をノイマンがいとも簡単に導いたのを目のあたりにしたばかりか、自分の知識からだけでも証明できたことを思い知らされたウィグナーは、大変なショックを受けた。この日以来、彼はノイマンに「劣等感」を抱くようになったと述べている。

第4章で量子論に触れる際に詳細を述べるが、ノイマンとウィグナーは人間の意識によって「量子論的状態」が収束するという量子解釈を提唱した。そこからノイマンが導いたのが、茶目っ気のある名称の「ウィグナーの友人のパラドックス」である。

ノイマンと第二次大戦

一九三七年、アメリカ合衆国市民権を獲得した三四歳のノイマンは、第二次大戦開戦が避けられず、しかもアメリカが参戦するに違いないと考えていた。そこで彼は、他の移民科学者には例を見ない、驚くべき行動に出る。

なんと、ノイマンは、アメリカ合衆国陸軍兵器局予備役士官試験を受けたのである。彼は、凄まじい集中力で士官採用試験の準備を進め、一九三八年三月に実施された「陸軍組織試験」で満点、「陸軍規律試験」でも満点を取り、夏に行われる予定の最終試験に合格すれば、採用リストの最上位で陸軍士官に任命されることに決まった。

しかし、開戦の準備に追われていた陸軍では問題作成が間に合わず、この年に限って、最終試験は半年延期されてしまった。一九三九年一月、ようやく実施された「士官採用最終試験」でも満点を取って、最優秀成績で合格したノイマンは、「そのうち将軍になるかもしれない！」と妻クララに冗談を言った。

ところが、陸軍士官任用には三五歳未満という年齢制限があった。ノイマンは前年の一九三八年一二月の誕生日に三五歳に達していたため、彼の申請は却下されてしまったのである。

もし最終試験が予定通り前年の夏に実施されていたら、ノイマンはアメリカ参戦の際に陸軍士官としてヨーロッパの任地に赴いていたはずである。そうなれば、原爆は広島と長崎ではなく、東京に落とされていた可能性が高かったのである！

コンピュータと原爆開発

一九四〇年九月、ノイマンは、陸軍兵器局弾道学研究所の諮問委員に就任した。士官採用されなかったとはいえ、試験成績は最優秀だったため、厚遇されたのである。ノイマンが弾道学研究所に提出した機密論文「逐次差分の発生確率誤差の評価」では、標的に弾丸を当て損なった場合、次にどのような狙いをつければよいか確率計算する方法を示している。現在の戦闘機から発射されるミサイルは、地上で動く人間を狙えるほど精度が高いが、その方法もコンピュータ自動制御理論も、ノイマンの導いた原理に基づいているのでである。

ヨーロッパ圏ではナチス・ドイツ、アジア圏では日本が進撃し、連合国側の戦局は悪化しつつあった。一九四一年一二月、日本軍が真珠湾を奇襲攻撃した。日米開戦後、プリンストン高等研究所は、合衆国の「国家非常事態管理局」に全面協力することになった。ノイマンは、戦争省から「科学研究開発庁」の公式調査官に任命され、爆発研究の科学技術面の最高責任者となった。これによって、ノイマンは、陸軍・ホワイトハウス・戦争省に直結する三つの機関の重要関係者となったわけである。

一九四二年になると、海軍兵器局の顧問に就任したノイマンは、機雷戦に対処する方法から出発して、衝撃波の研究を行うようになった。機雷の衝撃波を検証するためには、連続的に変化する非線形の衝撃面の状態を記述する偏微分方程式が必要であり、その方程式を解くためには、膨大な計算が必要になる。そのためにノイマンが中心になって進めたのが、コンピュータの開発だった。

一方、この年の九月に四六歳のレズリー・グローヴス准将が原子爆弾プロジェクトの責任者に任命され、彼は三八歳のカリフォルニア工科大学教授ロバート・オッペンハイマーをロスアラモス国立研究所の初代所長に任命した。

オッペンハイマーは、アメリカ各地の大学や研究機関を廻って、トップクラスの数学者と物理学者を集めて、「マンハッタン計画」を開始した。そこでノイマン、ウィグナー、シラード、テラーの四人の天才ハンガリー系科学者が集結したのである。人間離れした高度な知能から「火星人」と呼ばれた彼らがいなければ、原爆開発は短期間では成功しなかったに違いない。

ここでノイマンが中心となって推進したのが「爆縮型」原爆の設計である。これはノイマンが発見した重要な理論の一つだが、原爆の威力を最大限にするためには、落下後に爆発させるのではなく、上空でプルトニウムに点火させる必要があった。

そこでノイマンらが考えたのは、臨界点に達していないプルトニウムの周囲に三二面体型に爆薬を配置して、一定の高度で爆薬に点火、その爆発の衝撃によってプルトニウムを臨界量に転化させる方式である。彼らは、この一連のプロセスを正確に制御するための複雑な数値計算を半年かけて行い、その設計は一九四四年末に完成した。

一九四五年七月一六日、ニューメキシコ州ソコロの南東四八キロ地点の砂漠で、人類史上最初の核実験が行われた。関係者の多くは、その威力に半信半疑だった。テラーは、TNT四万五〇〇〇トン程度と強気だったが、オッペンハイマーは控え目にTNT三〇〇トン程度と見積もっていた。結果はTNT二万トン近くの破壊力で、「人口三〇万〜四〇万人の都市を焼け野原にできる威力」と表現された。ノイマンは、核実験の準備がうまくいった時点で満足して、すでにプリンストンに戻ってコンピュータ開発に取り掛かっていた。

ノイマンと原爆投下

当時の日本の軍部の合言葉は「一億玉砕」と「一人十殺」だった。ハリー・トルーマン大統領は、「非人道的兵器」の使用を躊躇《ためら》ったが、最終的には日本に原爆を投下することを決定した。五月一〇日にロスアラモスで開かれた「標的委員会」では、ノイマンは、科学者を代表して原爆の爆発高度を選定するという重要な立場で出席した。

空軍が目標リストとして「皇居、横浜、新潟、京都、広島、小倉」を提案した。ここでノイマンは、皇居への投下に強く反対し、もし空軍があくまで皇居への投下を主張する場合は「我々に差し戻せ」と書いたメモが残されている。

ノイマンは、戦後の占領統治まで見通して皇居への投下に反対したのであって、事実そのおかげで日本は命令系統を失わないまま三ヵ月後に無条件降伏できた。その意味で、ノイマンは無謀な「一億玉砕」から日本を救ったとも考えられる。

その一方で、ノイマンが強く主張したのは、京都への原爆投下だった。ノイマンは、日本人の戦意を完全に喪失させることを最優先の目標として、「歴史的文化的価値が高いからこそ京都へ投下すべきだ」と主張した。

これに対して、ヘンリー・スチムソン陸軍長官が、「それでは戦後、ローマやアテネを破壊したのと同じ非難を世界中から浴びることになる」と強硬に反対したため、京都も却下された。

すでに通常爆撃で破壊されていた横浜が却下され、情報不足から新潟が除外された。最終的に、広島・小倉・長崎の順に二発の原爆が投下されることに決まったのである。

ノイマンの死

一九五五年七月、ノイマンは、左肩の強烈な痛みによって、突然、倒れた。診断の結果、左肩鎖骨に腫瘍が発見されたが、それは、別の部分で発症したガンが血液の循環によって骨に転移したものとわかった。何度か立ち会った核実験で浴びた放射線が、ガンの原因だと言われている。

それでもノイマンは、痛みに耐えて大統領科学顧問を務めた。救急車で原子力委員会に出席したこともあった。一九五六年二月、「合衆国自由勲章」を授与された際には、車椅子で授章式に出席した。ドワイト・アイゼンハワー大統領は、ノイマンの襟に勲章を付けながら、「我々には君が必要だ」と言った。

この年の一〇月、ハンガリー動乱が生じた。当時のソ連は戦車で軍事介入し、蜂起したブダペスト市民ら数千人を殺害した。生地を蹂躙《じゅうりん》されたノイマンは、一刻も早く合衆国からソ連へ先制核攻撃すべきだと強硬に主張した。

スタンリー・キューブリック監督の風刺映画『博士の異常な愛情／または私は如何にして心配するのを止めて水爆を愛するようになったか』には、車椅子に乗る大統領科学顧問ストレンジラブ博士が登場する。そのモデルはノイマンだと言われている。

全身にガンの転移したノイマンは、ワシントンのウォルター・リード陸軍病院に入院した。彼の病室は、大統領の病室と同じ病棟にある特別室だった。その光景を、ルイス・ストロース原子力委員会委員長は、「もともと移民だったこの五〇代の男のベッドの周りを、国防長官、国防副長官、陸・海・空軍長官、参謀長官が取り囲んで座っているという、驚くべき構図」だと述べている。

ノイマンの臨終が近づくと、鎮痛剤によって譫言《うわごと》を言うようになったため、軍の機密を口走らないように監視が付いた。一九五七年二月八日、ノイマンは逝去した。

目次

第１章　数学の天才

7歳のノイマン（1910年）

ママ、何を計算しているの？
ジョン・フォン・ノイマン

獅子は爪跡でわかる！
アドルフ・フレンケル

ノイマンの両親

ノイマンの父マックス・ノイマンは、一八七〇年、ハンガリー南部のペーチでドイツ系ユダヤ人の家庭に生まれた。

ただし、とくに熱心なユダヤ教徒の家庭だったわけではなく、カトリック教会シトー修道会が経営するペーチのギムナジウムに進学し、優秀な成績で卒業している。その後、ブダペスト大学で法律学を学び、司法試験に合格した。さらに法学博士号を取得して、ブダペスト銀行の顧問弁護士となった。

その経歴だけからすると謹厳重厚な印象を受けるが、実際には非常に陽気で人あたりがよく、常に周囲をジョークで笑わせていた人物だという。

マックスが得意だったのは、政治や経済の話題を即席の二行詩に仕立てて、ヨハン・シュトラウスやシューベルトの曲に合わせて歌うことだった。ときには嫌味たっぷりにドイツの軍歌に乗せることもあったらしい。

ブダペスト銀行頭取のカールマーン・セールは、マックスの能力を高く評価して、個人的にも彼に対する支援を惜しまなかった。その後、セールは政界に転身し、一八九九年から一九〇三年までハンガリー王国の首相を務めた。地方出身のユダヤ人青年マックスが首都で活躍するにあたり、セールの後ろ盾は、非常に心強かったに違いない。

もう一人、マックスの生涯に大きく関わった人物は、大学時代に親友になったアウグスト・アルチュティである。彼はブダペスト上流階級の家庭出身で、マックスとは正反対の内気で控え目な性格だったという。アルチュティは、法学博士号取得後、判事になり、その後ブダペスト控訴裁判所の裁判長となっている。

アルチュティは、マックスにヤコブ・カーンとその家族を紹介した。カーンは、小麦粉を精製する挽臼《ひきうす》などの農機具会社を経営していたが、当時のハンガリーの小麦粉生産量の急激な上昇に乗じて大成功を収めていた。さらに彼は、後にアメリカ式の商法を取り入れてカタログ販売を始め、それが国中で爆発的にヒットしたため、ハンガリーでも有数の大富豪となった。

カーンには、四人の娘がいた。マックスが惹かれたのは、一八八〇年生まれで、おとなしく知的な三女マーガレットだった。一方、まだ一〇代で甘えっ子の四女ヴィルマは、アルチュティに積極的にアプローチした。

その結果、双方のカップルは、めでたく結婚することになった。つまり、マックスとアルチュティは、親友同士で義兄弟になったわけである。

カーンは、ブダペストの中心街にビルを何棟か所有して、親戚一同を集めて暮らした。カーンの財力からすれば、高級住宅街の大邸宅や、郊外で広い庭園のある貴族の旧邸を購入することもできたはずだが、そのような邸宅暮らしは「ユダヤの商売人には、分不相応だ」と言って、より合理的なアパートメントでの生活を好んだ。

カーン一族は、ヴァーチ通り六二番地の半ブロックを占める四階建ての近代的なビルで暮らした。一階にカーンの会社事務所があり、三階にアルチュティ一家とカーンの長女一家、四階にマックス一家とカーンの次女一家が暮らした。マックス一家が居住した四階のフロアだけで一八部屋もあったというから、いかに巨大で豪勢なビルだったかがわかる。

ノイマンの幼年時代

父マックスが三三歳、母マーガレットが二三歳のとき、長男ジョンが生まれた。その四年後に次男マイケル、そのまた四年後に三男ニコラスが生まれている。

ノイマンが18歳まで暮らした生家

マックス夫妻は、三人の息子を「ニワトリとネコとウサギ」に擬したステンドグラスを描かせ、それで一家の窓一面を飾った。今も残るノイマン家の瀟洒《しょうしゃ》な別荘跡の玄関にも、三匹の動物が浮き彫りにされている。

これらの動物は、夫妻が子どもたちにつけた綽名《あだな》に由来する。時を告げるニワトリのように騒々しいジョン、顔つきがネコに似ておっとりしているマイケル、ウサギのように甘えっ子のニコラス……。

ニコラスは、一九八七年に英語版『弟から見たジョン・フォン・ノイマン』を上梓《じょうし》した。そのおかげで、とくにブダペスト時代のノイマン家の様子が明らかになっている。

ノイマンは、最初に付いたハンガリー人の子守りマリーから母語のハンガリー語を習得し、次にドイツ人の子守りマルテからドイツ語を学んだ。

マックスは、複数の外国語を流暢《りゅうちょう》に操ることができなければ、ヨーロッパで生き抜いていけないと考えていた。そこで子どもたちのために、フランス語の家庭教師「ティティおばさん」とイタリア語の家庭教師プーリア夫人も雇っていた。

さらにイギリス人のトンプソン氏とブライス氏に英語の授業を依頼し、子どもたちと一緒に自分も授業に参加した。後に第一次大戦が始まった際、マックスは、敵国の二人が拘留されないように国外に脱出させて助けている。

マックスの趣味は、古代ギリシャ時代やローマ時代の文芸と音楽で、そこから詩を音楽に乗せる方法を身に付けていた。というわけで、マックスは、ギリシャ語とラテン語の英才教育もノイマンに施した。

「六歳の頃には、父親と古典ギリシャ語で冗談を言い合って、家族を煙に巻いたものだ」というのが、後にノイマンが得意気に語った自慢話の一つである。

祖父カーンは、結婚した娘たちのフロアを訪れては、孫たちに会うことを楽しんでいた。少年時代から商売の世界に身を置いてきたカーンには、八桁の掛け算を暗算で解くという驚くべき能力があった。

六歳のノイマンが適当に思い付いた数字で「19590223×19791115」と言うと、カーン

左からニコラス、マイケル、ジョンの3兄弟（1917年頃）

は目を閉じて暗算を始め、ノイマンは、一生懸命に紙に書いて計算する。答えが一致すると、お互いにニッコリする。

この祖父の影響から、ノイマンも大きな桁の数字の暗算ができるようになった。ある日、母マーガレットがぼんやりしていると、六歳のノイマンは「ママ、何を計算しているの？」と尋ねたという。

この頃、ノイマン家のパーティでは、幼いノイマンが抜群の記憶力をゲームで披露している。彼は、客が適当に開いた電話帳のページをその場で暗記する。その後、客がランダムに氏名を尋ねると、ノイマンがその電話番号と住所を答え、客が電話番号を尋ねると、ノイマンが氏名と住所を答えるというゲームだった。

ノイマンは、そのページの六桁の電話番号の列をすべて足した和を暗算で求めることもできた。そのうちに、彼は、奇数と偶数、素数などの性質そのものに興味を持つようになった。天賦の才能を察したマックスは、すぐに数学専門の家庭教師をノイマンに付けた。

ノイマン家の教育

当時のハンガリーの上流家庭では、ギムナジウムに入学する一〇歳まで、子どもを家庭内で教育するのが普通だった。カーン一族の子どもたちは、ビルの中で親戚のフロアを行き来しつつ、兄弟姉妹や従兄妹たちと一緒に勉強し遊んだ。ノイマンは、このような温かい共同体の中で育ったのである。

八歳になると、ノイマンは歴史に興味を持つようになった。彼は、父親の図書室にあったドイツの歴史家ウィルヘルム・オンケンの『世界史』全四四巻をドイツ語で読み通した。とくに南北戦争の章はお気に入りで、後にアメリカの古戦場を訪れた際には、その章をそのまま暗唱してみせた。

このノイマンの「一度読んだ本や記事を一言一句たがわずに引用する能力」は、生涯にわたって続いた。これもアメリカに移住した後の話だが、チャールズ・ディケンズの『二都物語』が話題に出た際、ノイマンは第一章を暗唱し始め、周囲が止めるまで延々と引用し続けた。これには驚愕したと、プリンストン高等研究所の計算機科学者ハーマン・ゴールドスタインが証言している。

母マーガレットは、細身で、すべてに「エレガンス」を求める芸術好きな女性だったという。彼女は、幼いノイマンにピアノとチェロを習わせたが、こちらはまったく上達しなかった。というのも、「本の虫」ノイマンは、譜面の後ろに数学や歴史の本を忍ばせて、読みながら適当に指を動かして、まともに練習しなかったからである。

マーガレットがノイマンを床屋に連れて行こうとしたところ、オンケンの『世界史』を一巻持って行けなければ絶対に嫌だと、駄々をこねたこともあった。

ある日、ノイマンが二冊の本を抱えてトイレに入ろうとしていた。従姉が「どうして二冊も持って行くの」と尋ねると、「だって、トイレの途中で今読んでいる本を読み終えたら困るから……」と答えたそうだ。

ノイマンが八歳になった頃、父マックスは、口髭をたくわえて、スーツに水玉模様の蝶ネクタイでめかした四〇代の紳士だった。ただし、少し太り始めたことを気にした彼は、家族と一緒に運動を始めることにした。

ノイマン家の大広間に「プロフェッサー」と呼ばれるフェンシングの教授が招かれた。彼は、マックスと男の子たちを指導したが、最も不器用なのはノイマンだった。

ノイマンは突きも受けも一向に上達する気配がなく、ついに教授は、彼に対してだけはサジを投げて、指導を放棄した。この屈辱の思い出からか、ノイマンは後年「プロフェッサー」と呼ばれるのを嫌がったという。なお、父と違って、後年のノイマンは、太ってもまったく気にする気配がなく、いっさい運動もしなかった。

ノイマン家の夕食には、さまざまなゲストが招かれた。マックスの仕事柄、弁護士や会計士、銀行が融資した企業の社長や事業主、マルセイユの船主やウィーンの劇場経営者、大学教授や精神分析医など、多種多彩な人々だった。

夕食時の知的な会話を好んだマックスは、子どもたちに、その日に学んだことを発表させることもあった。八歳のノイマンは、読んだばかりの『世界史』のエピソードに自分の意見も付け加えて、大人たちに立派に講義した。

大人たちが、当時ロンドンやウィーンの演劇界で喝采を浴びていたマックス・ラインハルトの演出について議論していると、八歳のノイマンは、「舞台というのは、現実と空想の架け橋なんだね」と発言したという。

天才数学者エルデシュ

ノイマンが九歳になっていた一九一三年三月二六日、彼と同じように人間離れした「神童」ポール・エルデシュがブダペストに生まれた。ともに二〇世紀を代表する数学者になるのだが、あまりにも対照的な人生なので、少し詳しく紹介しよう。

エルデシュは、高校の数学教師だった両親から英才教育を受けて、三歳で三桁の掛け算を暗算で解けるようになり、四歳になると自力で負の数の存在を発見した。

後に数学者になったアンドリュー・ヴァージニは、一四歳のとき一七歳のエルデシュと出会った思い出を語っている。エルデシュは、会ったとたんに挨拶もなく、突然「何でもいいから、四桁の数を言ってごらん」と尋ねた。ヴァージニが「2532」と答えると、エルデシュは「その平方は、6411024だね。僕はもう年を取ったから、立方はすぐに出てこなくなったけど……」と言った。

続けてエルデシュが「ピタゴラスの定理の証明は、幾つ知っている?」と尋ね、ヴァージニが「一つ」と答えると、エルデシュは「僕は三七個知ってる。直線上で加算集合を作らない点とは何かわかるかな?」と定理を一つ説明すると、急に「僕は走らなきゃならないから」と言って走り去った。

一九歳のエルデシュは、「任意の2以上の自然数nに対してnと2nの間に素数が存在する」という「チェビシェフの定理」に簡潔な数論的証明を与えて数学界の脚光を浴び、「ブダペストの魔術師」と呼ばれるようになった。

一九三四年、マンチェスター大学の数学者ルイス・モーデルがエルデシュを招聘《しょうへい》し、数論の共同研究を開始した。エルデシュは、列車に乗るとアイディアが閃くことに気付き、マンチェスターからケンブリッジ、ロンドン、ブリストルといった大学の数学者たちを頻繁に訪ねるようになった。

そこから「同じベッドに一週間以上寝ることはない」と言われるエルデシュの放浪癖が始まった。

エルデシュは特異体質で、絹以外の製品を身体に着けると原因不明の肌荒れが生じるため、特注の下着や靴下は、すべて絹製だった。彼は、数日分の衣類とノートと古いラジオが入ったトランクを持って、放浪した。

世界各国の数学者がエルデシュを迎えて、自宅の部屋や宿を提供し、食事を与え、彼と共同研究する栄誉に浴した。到着すると彼は「私の頭は営業中だ！（My brain is open!）」と奇妙な英語で宣言し、「君の頭は営業中かね」と尋ねた。

ノイマンと本質的に異なるのは、エルデシュが、あらゆる世俗的成功の重荷から解放されて、数学だけに人生を捧げた点である。彼は、定職や役職に就かず、住宅も貯金も所有せず、妻も子どもも持たなかった。

エルデシュは、「私には心理的異常があってね、性的快楽を理解できないんだ」と述べている。「私有財産は数学の邪魔」と信じ、手に入った金は、ほとんどすべて他人に配った。

ロンドン大学で客員教授を務めた際、一ヵ月分の給料を受け取ったばかりのエルデシュが、駅で出会ったホームレスにその大部分を差し出す姿を目撃されている。

ハーバード大学数学科に合格したにもかかわらず、学費を出せない学生の話を聞いたエルデシュは、その学生と面接して才能を見極め、一〇〇〇ドルを貸した。一〇年後、その学生はミシガン大学で教える立場となって、その金を返したいと連絡を取った。エルデシュは、「私がしたようにせよ」と答えて、金は受け取らなかった。

一九八四年、賞金が高いことで知られる「ウルフ賞」を受賞した際には、五万ドルの賞金から生活に必要な七二〇ドルを差し引いて、残額すべてを奨学金財団に寄付した。

エルデシュは、一九九六年に八三歳で亡くなるまで、五〇〇人以上の共著者とともに一五〇〇編以上の論文を発表した。数学史上、これ以上の数の論文を書いた数学者は、一八世紀のスイスの天才数学者レオンハルト・オイラーだけである。

ノイマンとエルデシュ

エルデシュの共著者は、「エルデシュ番号1」が与えられる。「エルデシュ番号1」の数学者と共著があれば「エルデシュ番号2」と続く。ちなみに、アインシュタインは「エルデシュ番号2」、ノイマンは「エルデシュ番号3」である。

一九三八年、エルデシュがプリンストン高等研究所の特別研究員になれたのは、当時すでに教授になっていたノイマンの支援によるものだった。ただし、エルデシュの数々の奇行が原因で、この契約は一年だけで打ち切られてしまった。

エルデシュは、考え始めると、昼夜構わず、何時間でも散歩を続けるのが常だった。真夜中に警官に不審尋問されたことも何度もあったが、彼は運転免許証も身分証明書も所持しないため、さらに騒ぎが広がった。

一九四一年八月には、実際に逮捕された経歴もある。当時二八歳のエルデシュは、プリンストン大学大学院に留学中だった二九歳の角谷《かくたに》静夫と二二歳の学生と一緒にシカゴの数学会に車で向かう途中、「立入禁止」の立札を見過ごして、レーダー基地のあるロングアイランドの海岸線に出てしまった。そこで呑気に記念撮影していた三人が「スパイ」ではないかと疑われ、FBIに誤認逮捕されてしまったわけである。

エルデシュは、ある定理の証明についてノイマンに話したことがあった。ノイマンは、あまり興味を感じていないようだったが、それでも紳士的に最後まで話を聞き終えて、「その証明は何かがおかしいね」と言って立ち去った。

エルデシュが証明を再検討したところ、たしかにノイマンの指摘が正しいことに気付いた。彼は「理解力の速度という意味で、フォン・ノイマンは尋常ではなかった」と述べている。エルデシュは、ノイマンのことを「出会った中で最も優秀な人物」と評価し続けた。

エルデシュが最後にノイマンと接点を持ったのは、一九五一年のことである。この年、エルデシュは、過去六年間に発表された最も優れた数学論文の著者に授与される「コール賞」を受賞した。この賞を授与したのが、当時「アメリカ数学会会長」になっていたノイマンだった。

貴族の称号

一九一三年、ノイマンの四三歳の父マックスは、オーストリア・ハンガリー帝国のフランツ・ヨーゼフ皇帝から貴族に叙せられた。カールマーン・セール首相の特別顧問として、とくにハンガリー政府の経済政策に多大に貢献したというのが、その理由だった。

マックス一家は、世襲の称号を与えられて、ドイツ語では「フォン・ノイマン」姓を名乗ることを許された。

ハンガリーの貴族は、伝統的に領地の名前を姓の前に付けていたが、この頃には、自由に国内の町名を選ぶ慣習になっていた。マックスは、妻の名前マーガレット（マルギット）

にちなんで、現在はルーマニア領になっている「マルギータ」という町の名前を選んだ。ハンガリー語では、日本語と同じように、姓・名の順に名乗るので、マックス（ミクシャ）の名前は「マルギータイ・ノイマン・ミクシャ」となったわけである。

息子ノイマンのハンガリー名は「マルギータイ・ノイマン・ヤーノシュ（Margittai Neumann János）」になった。その後、ヨーロッパではドイツ語で「ヨハネス・ノイマン・フォン・マルギータ（Johannes Neumann von Margitta）」と名乗り、アメリカに移住する際に「ジョン・フォン・ノイマン（John von Neumann）」に正式に改名・改姓している。

なおノイマンの愛称は、ハンガリー語圏では「ヤーンチ」、ドイツ語圏では「ヨハン」、英語圏では「ジョニー」だった。

新貴族は、家紋も定めなければならない。マックスは、野原に咲く三本のマーガレットのデザインから、新たな家紋を作らせた。このことからも、マックスが妻マーガレットを大切にしていたことがよくわかる。

二〇世紀初頭のヨーロッパ各地では、反ユダヤ主義が拡大し始めていた。オーストリア・ハンガリー帝国では、一九〇〇年から一九一四年までの一五年間に、二二〇人のユダヤ人が貴族に叙せられているが、その大多数は、称号を得た機会に、ヨーロッパ風の氏名に改名している。むしろユダヤの出自を示す氏名を変えることが目的で、大金で貴族の称号を買うようなユダヤ人もいたようだ。

そもそもユダヤ人がヨーロッパで姓を名乗ることを許されたのは、一六世紀である。ただし、彼らは自由に姓を選べたわけではなく、自然由来の姓を名乗るように強いられた歴史がある。「ノイマン（新しい人）」や「フリードマン（自由な人）」や「ゴールドマン（金のある人）」のように接尾辞「マン（mann）」の付く姓は、明らかにユダヤの出自を表している。

しかし、マックスは、改姓しなかった。もともとマックスは熱心なユダヤ教徒ではなく、義父カーンも年に一度ユダヤ教会に行く程度の信者に過ぎない。義弟アルチュティ一家にいたっては、すでに全員がキリスト教に改宗していた。

それでもユダヤ教を捨てない理由について、マックスは、「いずれユダヤ人排斥の嵐が吹き荒れることだろう。そのとき、自分たちが確固たる態度で踏みとどまっていたら、仲間も元気が出るからだ」とアルチュティに語ったという。

ギムナジウム

ドイツ語の「ギムナジウム（Gymnasium）」は、一〇歳から一七歳までの八年間、一貫教育を行う学校を意味する。古代ギリシャ時代、若者が身体を鍛錬し、知性を磨いた施設

「ギムナシオン（gymnásion）」に由来する名称である。

ヨーロッパ各地のギムナジウムは、学生たちが一流大学へ進学できるように徹底したエリート教育を行い、その成果を競った。その多くは、ユダヤ教あるいはキリスト教のさまざまな宗派が設立したものだった。

当時のブダペストには、ヨーロッパを代表する著名なギムナジウムが三校あった。進歩的な教育で知られる「ミンタ校」、ギリシャ語とラテン語の古典を重視する「ルーテル校」、科学や製図など実用的な科目の多い「レアール校」である。

ここで興味深いのは、すでに述べたように、後にアメリカの原爆開発の中心を担う四人の科学者が、この時期にブダペストの三校のギムナジウムに通学しているということである。

レオ・シラードは一九一六年にレアール校、ユージン・ウィグナーは二〇年にルーテル校、エドワード・テラーは二六年にミンタ校を卒業している。

父マックスは、どのギムナジウムにノイマンを進学させるか、かなり悩んだらしい。当初はミンタ校を考えていたようだが、ミンタ校卒業生の義弟アルチュティが、母校の教育は実験的過ぎると批判したため、ルーテル校に決めたという。

一九一四年、一〇歳のノイマンは、ルーテル校に入学した。そのおかげで、彼を理解できる数少ない知性の持ち主である一級年上のウィグナーと出会えたわけである。

ノイマンは、入学直後から、「ギリシャ語」「ラテン語」「歴史」「数学」など、「習字」「音楽」「体育」を除くすべての学科で最優秀の成績を収め、「神童」と呼ばれるようになった。

この時期すでに、ノイマンの頭脳は、いろいろな意味で同級生の遥か遠方を進んでいたのだが、それを誇示するようなことはなかった。彼は、周囲から浮き上がらないように、皆から好かれるように、懸命に努力していた。このノイマンの周囲に気を配って人あたりよく接する傾向は、生涯続いた。

ウィグナーは、ギムナジウム時代のノイマンについて、次のように述べている。

「学校や学生たちの間で、ヤーンチは内気な感じでした。クラスの仲間がふざけたりすると、一緒に加わったりもしましたが、あまり乗り気ではなく、あくまで周囲から嫌われない程度に合わせていました。彼には、本当に親しい友人はほとんどいませんでしたが、誰からも尊敬されていました。彼がずば抜けて優秀であることは、時として嫉妬から皮肉られる場合を除いて、学生たち全員から認められていました」

常に優等生のノイマンだが、昨日の宿題をうっかり忘れるようなこともあった。もちろん彼は、宿題を帰宅早々に終わらせていたのだが、その後、別の高度な問題に熱中しすぎたあまり、宿題があったことさえ忘れてしまったのである。

数学の天才

ギムナジウムの数学教師ラースロー・ラーツは、入学直後からノイマンの異常な能力に気付いていた。一〇歳のクラスでは簡単すぎるので、一一歳、一二歳と徐々にレベルを上げて、ついに一七歳の最上級クラスに入れたが、それでもノイマンには簡単すぎた。

ギムナジウム内のどの数学教師も、もはやノイマンに教えることはなく、逆に彼らでさえ知らない集合論や群論の定理について、ノイマンから教えてもらう始末だった。

この種の天才は、幼少期に大人から疎《うと》まれて、芽を潰されるようなこともある。しかし、ノイマンにとって非常に幸運だったのは、ラーツがルーテル校の校長も兼務していたため、教育現場を自由に采配できる立場にあったということである。

ラーツは、ノイマン家を訪れて、「御子息にギムナジウムの数学を教えることは時間の無駄であり、罪悪です。彼には、大学レベルの数学を教えるべきです」と主張した。

そして、ラーツは、ノイマン親子をブダペスト大学数学科の教授陣と引き合わせ、その結果、若い数学者ガブリエル・セゲーがノイマンの特別講師を務めることになった。

セゲーは、初めて一〇歳のノイマンに会った日、試しに大学レベルの問題を出してみたところ、ノイマンがあまりに見事に解いてみせたため、感激して涙ぐんで帰って来たとセゲー夫人が証言している。

後にセゲーは、ケーニヒスベルク大学教授になったが、ナチス・ドイツに迫害されてアメリカに亡命し、スタンフォード大学教授となり、ジョージ・ポリアをはじめとする数多くのユダヤ人科学者を救出した。やがて彼らが、現在の「シリコン・バレー」の拠点を形成していくことになるわけである。

一九一六年以降になると、ブダペスト大学の数学者が、相次いでノイマンの相手をするようになった。なかでもリポート・フェイエールとミハエル・フェケテは、ノイマンを大学教授の同僚と同等に扱い、共同研究を始めた。

当時、フェイエールは、「チェビシェフ多項式」の解の位置について考察した論文を発表したばかりだった。ノイマンは、フェケテと共に、この論文を詳細に研究し、その一般化を導くことに成功した。

この成果が、一九二一年、一七歳のノイマンがフェケテと共著で仕上げた生涯最初の論文「ある最小多項式の零点の位置について」である。この論文は、一九二二年に『ドイツ数学会紀要』に掲載された。

さらにノイマンは、ゲオルグ・カントールの集合論に無限の順序数を導入する研究を進め、独自に第二の論文「超限順序数《ちょうげん》の導入について」を仕上げた。

一九二一年六月、ノイマンは、ルーテル校の卒業試験を受けた。結果は「最優秀」で、もちろん「首席」である。

ちなみに在籍生六五三人のうち、ユダヤ人は三四〇人、キリスト教ルーテル派は一九八人、カトリック派は六一人、他のプロテスタント派は五四人だった。

とくに教育内容に宗教色は反映されていなかったようだが、授業料は宗派によって分けられていた。ユダヤ人が最も高く、ルーテル派は最も安く設定されていた。

ノイマンは、ルーテル校卒業と同時に全国統一試験を受け、ハンガリーのギムナジウム卒業生のなかで「最も卓越した数学と科学の才能」を示す学生に与えられる「エトヴェシュ賞」を受賞した。この賞は、一九一六年にシラード、二六年にテラーも受賞している。ウィグナーは、受賞していない。

第一次大戦とノイマン家

ノイマンがギムナジウムに通っていた一九一四年から一九一八年にかけて、第一次大戦が続いた。

オーストリア・ハンガリー帝国は、ドイツと協定を結び、東部戦線でロシア軍やルーマニア軍と戦った。ブダペストは、戦線から遠く離れていたため、ノイマン家は、直接的な影響は受けていない。

一九一四年と一五年、ノイマン一家は、夏休みにヴェニスとウィーンを旅行し、クロアチアのアドリア海岸にある別荘で優雅に過ごしている。

しかし、一九一八年に敗戦国となったオーストリア・ハンガリー帝国は、急速に崩壊した。一九一九年三月には「ハンガリー革命」が起こり、ベーラ・クンが共産主義政権を樹立して、「ハンガリー・ソビエト共和国」の成立を宣言した。

クンは、旧皇帝派の貴族や旧帝国軍人ら五〇〇人を粛清する「赤色テロ」を行った。「レーニン・ボーイズ」と呼ばれる革命派の労働者や人民軍兵士が、軍用トラックに乗ってブダペスト中を走り回り、カトリック教徒や裕福なユダヤ人に襲いかかった。

先見の明のある父マックスは、ハンガリー革命の起こる前に、家族全員を引き連れてウィーンに避難していた。彼は、そこで反革命派の旧帝国海軍提督ミクローシュ・ホルティと会って、ハンガリーの今後について話し合っている。

四月になると、隣国ルーマニア王国が「赤色革命の飛び火を防ぐ」という大義名分でハンガリーに侵攻し、後にブダペストを占領した。共産主義政権は崩壊し、クンはソ連に亡命。その後、スターリンの粛清によって銃殺された。

六月、ホルティは、旧帝国軍の士官らと共に、「ハンガリー国民軍」の設立を宣言した。この決起に呼応して、ハンガリー全土で旧帝国軍人や民兵による「義勇軍」が蜂起した。

八月、ハンガリー国民軍は、ブダペストのルーマニア軍と対峙した。ホルティは、フランスの軍事支援を取り付けて、ルーマニアとの和平交渉に臨んだ。長期的な進駐で士気の低下したルーマニア軍は、共産主義政権の崩壊によって大義名分を失い、ハンガリーから撤退することを確約した。

一一月、撤退するルーマニア軍と入れ代わりに、ハンガリー国民軍がブダペストへ無血入城した。この成果を導いたホルティは、ハンガリー国民の熱狂的支持を得ることができた。

ここまでは、まさにマックスの期待通りだった。ところが、実際に政権を握ったホルティは、クン以上に残忍だった。彼は、「赤色テロ」の報復に、旧共産主義政権の関係者五〇〇〇人に拷問を加えて殺害するという「白色テロ」を実行した。

さらに、ホルティ政権の中枢を担った旧皇帝派の貴族は、もともと疎ましく思っていたユダヤ人を排斥した。その結果、ハンガリーの内政は再び混乱し、経済は落ち込んだ。

一九二〇年六月四日、ヴェルサイユ宮殿のトリアノン離宮で調印された「トリアノン条約」で、ハンガリーは、勝者の連合国側から圧倒的に不利な条件を突き付けられた。

なんと、ハンガリーは、国土面積の七二パーセント、人口の六四パーセントを擁するスロバキア・クロアチア・トランシルバニアを連合国側に割譲し、さらに莫大な賠償金を支払わなければならなくなったのである。

割譲された地域と取引できなくなった祖父カーンの会社は大打撃を受け、経営不振に陥った。さらにカーンは、オーストリア・ハンガリー帝国を支援するため、大量の戦時国債を購入していたが、これらはすべて紙切れになってしまった。

父マックスの勤めていた銀行も経営が行き詰まり、彼の友人の経営する投資会社に再就職した。ノイマンにとって幸運だったのは、この時期にブダペストを離れたことである。

ノイマンとフレンケル

マックスは、もちろん息子ノイマンが数学の天才であることは十分認識していたが、「数学では金が稼げない」と考えていた。

二〇世紀初頭のヨーロッパでは、「化学こそが人類の生活を向上させる」という「化学ブーム」が生じていた。化学肥料によって生産革命が起こり、食糧生産が劇的に増加し、世界中の飢饉や貧困が減少したためである。そこでマックスは、ベルリン大学応用化学科への進学を息子に勧めた。

ただし、ブダペスト大学大学院数学科の試験を試しに受けてみることを許可したところ、彼は、大学を飛び越えて、大学院に合格してしまったのである！

というわけで、一九二一年九月、一七歳のノイマンは、ベルリン大学応用化学科に入学すると同時に、ブダペスト大学大学院数学科にも籍を置くことになった。

この頃、数学界の最先端で議論されていたのは、「集合論の厳密な定式化」というテーマだった。ノイマンは、このテーマに自発的に取り組み、一九二二年の春には、第三の論文「集合論の公理化」の草稿を書き終えていた。

彼は、ベルリン大学数学科のエアハルト・シュミット教授の研究室を訪ねて草稿を見せたが、その内容はシュミット教授にも容易には理解できないほど斬新なものだった。

当時、公理的集合論の専門家として知られていたのが、マールブルク大学の数学者アドルフ・フレンケルである。彼は、チューリッヒ大学の数学者エルンスト・ツェルメロの公理系を改良して、その後長く数学界で標準的に用いられる「ツェルメロ・フレンケル公理系」を公表したばかりだった。

フレンケルは、初めてノイマンの書いた草稿を読んだ経緯について、次のように書き残している。

「一九二二年か二三年、ベルリン大学数学科のシュミット教授から『集合論の公理化』という長い論文の草稿が送られてきた。著者のヨハネス・フォン・ノイマンという名前は、聞いたことがない。シュミット教授にはよく理解できないので、私の意見を聞きたいということだった。私もすべてを理解できたわけではないが、これが他に類を見ない抜群の業績であることは一目瞭然だった。『獅子は爪跡でわかる』とは、まさにこのことだ!」

「獅子は爪跡でわかる (Ex ungue leonem.)」というラテン語は、一六九七年、スイスの数学者ヨハン・ベルヌーイが、ヨーロッパの数学者たちに提起した未解決問題二問について、見事に両方とも解いた論文を読んだ際に発した言葉である。この論文は無署名だったが、彼はその著者が、イギリスの天才アイザック・ニュートンであることを見破ったのである。

フレンケル教授は、すぐにシュミット教授に「その若者に会いたい」と返事を書いた。彼は、マールブルク大学に会いに来たノイマンに、論文の込み入り過ぎている点を改善する方法を説明し、さらに結論を常人にもわかりやすく嚙み砕いて示すように勧めた。

ノイマンは、その忠告を受け入れて「集合論の公理化」を書き直し、その最終稿は、一九二五年、フレンケルが副編集長を務めていた『数学雑誌』に掲載された。この論文が数学界の大御所ダフィット・ヒルベルトの目を惹いて、ノイマンの人生が大きく動き始めるのである。

第２章　ヒルベルト学派の旗手

27歳のノイマン（1930年）

フォン・ノイマンに恐怖を抱くようになりました！
ジョージ・ポリア

君も僕もワインが好きだ。さて、結婚しようか！
ジョン・フォン・ノイマン

フリッツ・ハーバーとクララ・イマヴァール

ノイマンが入学した一九二一年九月、ベルリン大学応用化学科を代表する科学者といえば、一九一八年にノーベル化学賞を受賞したフリッツ・ハーバーだった。

ハーバーは、一八六八年生まれのユダヤ人だが、キリスト教ルーテル派の洗礼を受けてプロテスタントに改宗し、第一次大戦が勃発するとドイツ軍に志願したほどの「愛国者」で、「ドイツ人以上にドイツ人になろうとした」といわれる人物である。

彼が一九〇八年以降、化学者カール・ボッシュとともに開発した「ハーバー・ボッシュ法」は、空気中の窒素と水素から化学肥料の原料となるアンモニアを化学合成する方法で、「空気からパン」を限りなく生み出す夢の技術とみなされた。

実際に「ハーバー・ボッシュ法」による人工アンモニア由来の食糧がなければ、世界人口の五〇億人は生存できないという試算もあるほど、現在も全世界の食糧生産に影響を及ぼす化学工業の中心的技術である。

さて、そのアンモニアは、窒素を栄養源とする植物の化学肥料にもなるが、「硝酸」に化学変化させれば、火薬の原料にすることもできる。

第一次大戦が勃発すると、イギリス海軍は海上を封鎖して、ドイツが火薬の原料となる「硝石」を輸入できなくした。しかし、「ハーバー・ボッシュ法」による火薬の大量生産に成功したドイツは、第一次世界大戦で使用する爆薬の原料すべてを国内で調達することができた。その方法をもたらしたハーバーは、ドイツ科学界の「英雄」だった。

その一方で、ハーバーは「化学兵器の父」として悪名高い。長期化する第一次大戦において、ドイツに対するフランスとベルギーの国境線では、両軍が塹壕《ざんごう》を掘って対峙する長い「西部戦線」が形成された。このような塹壕戦では、空気より重く地を這うように広がって敵を攻撃する「毒ガス」が効力を発揮する。

そこでハーバーが開発したのが、空気より二・五倍重く、毒性の強い「塩素ガス」だった。ハーバーは、一九一五年四月二二日、西部戦線ベルギーのイーペルで陣頭指揮をとって、五七〇〇本のボンベに詰めた塩素ガスを散布した。連合軍は五〇〇〇人が死亡、一万五〇〇〇人が毒ガス中毒となり、「呼吸困難」や「失明」のような後遺症に苦しめられた。

ハーバーの妻クララ・イマヴァールは、ポーランドのヴロツワフ大学で女性初の博士号を取得した優秀な化学者である。彼女は、社会における女性の自立を主張し、結婚後も旧姓を維持して研究を続けた。

クララは、夫が毒ガス開発に関わることに猛反対し、何度も止めるように懇願したが、ハーバーは聞き入れなかった。イーペルの戦闘で、夫の指揮により毒ガスが使用され、多数の犠牲者が出たことを知ったクララは、五月二日、ハーバーの軍用拳銃で自殺した。

それにもかかわらず、ハーバーは、毒ガス研究を止めなかった。その後も彼は、イーペルで使われた塩素ガスを強化した「イペリット・ガス」、さらに毒性の強い「ツィクロン・ガス」を開発し続けた。皮肉なことに、これらの毒ガスは、後にナチス・ドイツが効率的にユダヤ人を抹殺するために強制収容所で使用された。

献身的にドイツに尽くしたハーバーに対して、一九三三年、ナチス・ドイツは、公職追放を宣言した。その理由は、彼は改宗したが、両親と祖父母がユダヤ教徒だからだった。

ナチス・ドイツの科学諮問委員会では、当時のドイツ科学界を代表する物理学者マックス・プランクが「ハーバーのような優秀な科学者がいなくなったら、ドイツの物理学と化学は大変な損失を被ります」と擁護した。

これを聞いたヒトラーは激怒し、「それならば我々は、今後百年間、物理学も化学もなしでやっていけばいい」と言い放った。この事件以降、多くの優秀なユダヤ人科学者が、堰《せき》を切ったように連合国側に亡命するようになった。

ベルリン大学

ベルリン大学でハーバーの同僚であり、親友でもあったのが、物理学科のアルベルト・アインシュタイン教授である。第一次大戦中、アインシュタインと最初の妻は不仲で別居状態だったが、その間を何度も仲裁したのがハーバーだった。

アインシュタインはハーバーを「天才」と認めながら、「君は、科学的才能を大量殺戮《さつりく》兵器のために浪費している」と批判した。これに対してハーバーは「毒ガスで戦争を早く終わらせることができれば、結果的に、より多くの無数の人命を救うことができるではないか」と反論した。

ここで非常に興味深いのは、後にプリンストン高等研究所で同僚となるノイマンとアインシュタインが、原子爆弾の使用をめぐって、まったく同じ論法で議論となり、平行線のまま終わっていることである。

アメリカに移住したノイマンも、おそらくハーバーと類似した「愛国心」を抱き、合衆国陸軍士官試験を受けて「アメリカ人以上にアメリカ人になろうとした」一面がある。

そして、すでに述べたように、ノイマンは、「歴史的文化的価値が高いからこそ」京都に原爆を投下して日本人の戦意を喪失させ、一刻も早く戦争を終わらせようとした。

一方、ナチス・ドイツが先に原爆を完成させることを恐れて原爆開発を合衆国大統領に進言したものの、原爆が投下された後の日本の悲惨な状況を知ったアインシュタインは、深く後悔し、日本人として初めてノーベル物理学賞を受賞した湯川秀樹と会った際には、「科学者として日本に申し訳ないことをした」と、泣いて謝っている。

ところが、第二次大戦後のノイマンは、アメリカが優位に立っているうちにソ連を先制核攻撃して、「冷たい戦争」を一挙に終わらせるべきだと大統領に進言した。

なぜノイマンがソ連への先制核攻撃に執着したのかについては、いずれ詳細に解説するが、一八歳のノイマンが、ドイツ科学界の「英雄」ハーバーの思想から影響を受けた可能性は十分考えられるのではないだろうか。そもそも彼がベルリン大学応用化学科に進んだのも、父の勧めに加えて、ハーバーに憧れた一面があったからかもしれない。

ただし、ノイマンがハーバー教授の講義を履修した形跡はないし、とくに個人的に会話を交わしたような記録もない。

というわけで、「戦争を早期終結させるためには、非人道的兵器も許される」というハーバーの思想がノイマンに影響を与えた可能性は、あくまで状況証拠的な推測に過ぎない。

ベルリン大学時代で明確にわかっていることは、すでに述べたように、ノイマンが数学科のエアハルト・シュミット教授の研究室を訪れて「集合論の公理化」の草稿を渡したこと、そしてアインシュタイン教授の「統計力学」を受講したことである。

当時のベルリンは、建築デザインでは「バウハウス運動」、芸術活動では因習を打破する「ダダイズム」の中心地で、夜はキャバレーが大人気だった。結果的にノイマンは、ベルリン大学で二年間を過ごしたが、そこで生まれて初めて親元を離れた自由な生活を満喫したに違いない。

スイス連邦工科大学チューリッヒ校

一九二〇年代のワイマール共和国・ドイツは、第一次大戦敗戦による膨大な戦争賠償金を抱え、インフレにあえぎ、不況が国民の生活を苦しめていた。各地でストライキや暴動が頻発し、ベルリンには、ノイマンのような裕福な留学生の外貨を狙う酒場や風俗店が溢れていた。

おそらく、そのようなベルリンの悪影響を心配した父マックスの強い勧めによって、ノイマンは、ヨーロッパで最高水準と評価の高かったスイス連邦工科大学チューリッヒ校に編入することになった。

スイス連邦工科大学といえば、アインシュタインが一八九五年に受験して不合格となった難関校である。アインシュタインは、予備校に通って翌年に合格したものの、この失敗が尾を引いて大学に研究者としては残れず、スイス特許局に勤めることになった。

ノイマンは、ベルリン大学の一年次が終わった段階からスイスに移ることを予定していたらしく、一九二二年度は、ほとんど編入試験の準備のために応用化学に関連した科目の受験勉強をしている。

一九二三年九月、通常の入学試験よりも難関といわれる編入試験に合格したノイマンは、スイス連邦工科大学チューリッヒ校応用化学科に進学した。

大学の公用語はドイツ語だったので、ノイマンにとって、まったく問題はなかった。とはいえ、この大学の有名な特徴は、カリキュラムが通常の大学の二倍の授業数で構成されていることである。学生は、文字通り通常の大学生の二倍、休む間もなく勉強しなければならない。

それでも、ノイマンの当時の成績表によれば、「有機化学」「無機化学」「分析化学」「実験物理」「高等数学」「フランス語」すべての科目で「最優秀」評価を得ている。

ノイマンらしいのは、実験中に別のことを考えていて上の空になったためか、数えきれないほどのフラスコを割り、ガラス実験器具を壊してしまったことである。二年間にノイマンが壊した実験器具の請求費用総額の記録は、長い間破られなかったという。

夜になると、ノイマンは仲間の大学生と一緒にビアホールに出掛けて、場合によっては一〇杯飲むようなこともあったらしい。彼は父親譲りのジョークで周囲を和ませた。当時のノイマンのお気に入りは、次のようなジョークだった。

第一次大戦中のベルリンでの出来事。ある男が街角で「皇帝はバカだ」と叫んだ。すぐに警官が飛んできて、その男は国家反逆罪で逮捕された。「なぜ逮捕されるんだ？　ボクは、オーストリア皇帝のことを言っただけなのに」と男が言い訳すると、警官が言う。

「ウソをつくな！　誰がバカなのかは、本官だってよく知っている！」

ヘルマン・ワイルとジョージ・ポリア

ノイマンが「超人的」なのは、ヨーロッパで最も厳しいといわれるスイス連邦工科大学で、応用化学の講義と実験をこなしながら大学生としての生活を送り、さらにブダペスト大学大学院数学科で必要とされる科目内容にも、ほとんど独学で追いついていた点である。

大学院生としてのノイマンは、学期ごとに履修科目の試験があるときだけブダペストに帰って受験して、単位取得を重ねていた。そのうえ彼は、博士論文となる「集合論の公理化」の草稿も校正し続けていた。

スイス連邦工科大学チューリッヒ校の数学科には、ヘルマン・ワイル教授とジョージ・ポリア教授がいた。後に二人はアメリカに亡命し、ワイルはプリンストン高等研究所でノイマンの同僚、ポリアはスタンフォード大学教授となる。

彼らは、「天才少年」として評判の高いノイマンを温かく迎え、特別に数学科の研究室を自由に使うことを許してくれた。そのおかげで、ノイマンは、世界中から届く学会誌に目を通して、数学界の最新情報に接することができた。

ワイル教授が出張に出掛けた学期には、大学院生としての資格で、ノイマンが代理で同級生に講義したこともあった。

ポリア教授は、当時のノイマンについて、次のように述べている。

「彼は、私を怯《おび》えさせた唯一の学生でした。とにかく頭の回転が速かった。私は、チューリッヒで最上級の学生のためにセミナーを開いていましたが、彼は下級生なのに、その授業を受講していました。ある未解決の定理に達したとき、私が『この定理は、まだ証明されていない。これを証明するのは、かなり難しいだろう』と言いました。その五分後、フォン・ノイマンが手を挙げました。当てると、彼は黒板に行って、その定理の証明を書きました。その後、私は、フォン・ノイマンに恐怖を抱くようになりました！」

一九二五年八月、ノイマンはスイス連邦工科大学チューリッヒ校を卒業し、応用化学の学士号を取得した。

さらに、この年の『数学雑誌』に掲載された「集合論の公理化」は、ブダペスト大学大学院数学科の学位論文として認められた。ノイマンは、一九二六年に実施された最終口頭試問でも最高評価を得て、博士号を取得した。

つまり、二二歳のノイマンは、大学を卒業すると同時に大学院博士課程を修了し、博士論文も完成させて、前代未聞の「学士・博士」となったわけである。

ゲッチンゲン大学

この論文によって、「天才数学者」ノイマンの名声は、ヨーロッパの数学界に響き渡った。

集合論を厳密に公理化しようとするノイマンの論文のテーマは、数学界の大御所ダフィット・ヒルベルトの念願に沿っている。大いに感激したヒルベルトは、すぐにノイマンに会うことにした。

一九二六年九月、ヒルベルトの招聘を受けてゲッチンゲン大学に向かったノイマンは、ロックフェラー研究員として、一年間の奨学金を得ることができた。これがノイマンとアメリカとの最初の接点である。

「ロックフェラー財団」は、現在では世界最大の慈善事業団体として知られる。一九一三年、アメリカの石油王ジョン・ロックフェラーが「人類の福祉の増進と教育」を目標に立ち上げた財団だが、一九二〇年代には、とくに第一次大戦の敗戦で困窮したドイツやオーストリア、ハンガリーの大学と研究者に多額の寄付を行っていた。

ヒルベルトは、すでに論文からノイマンの実力をよく理解していたうえ、弟子にあたるベルリン大学のシュミット教授とスイス連邦工科大学チューリッヒ校のワイル教授から詳しい推薦状も受け取っていたはずである。

そのため、ノイマンに対する面接試問でも、とくに尋ねることは何もなかった。ヒルベルトは、「君が着ているものほど立派なスーツは見たことがない。どこで仕立てたのか教えてくれないかね」とノイマンに尋ねたと伝えられている。

この年、ヒルベルトは六四歳なので、ノイマンとは四〇歳以上離れていたことになるが、二人の天才は、会ったとたんに意気投合した。彼らは、大学の研究室、ヒルベルト家の書斎や庭で、何時間も尽きることなく話し合ったという。

ノイマンとヒルベルト

一八六二年に生まれたヒルベルトは「現代数学の父」と呼ばれる。数論、抽象代数学、微積分学、相対性理論の研究などで、幅広い業績を挙げた。

一八九五年にゲッチンゲン大学教授に就任してからは、数学の基礎を厳密に形式化して確立しようとする「形式主義」を掲げ、多くの弟子を育てて一大学派を形成した。ノイマンは、その最後の著名な弟子ということになる。

ヒルベルトが一八九九年に発表した『幾何学基礎論』は、ユークリッドの『原論』の全公理を「結合・順序・合同・平行・連続」の五種類の公理群に構成し、相互の独立性を完全に証明している。つまり、ヒルベルトは、幾何学を「完全」に公理化したわけである。

ユークリッド幾何学は、二〇〇〇年以上にわたって、自然界の真理を表す「唯一」の幾何学とみなされてきた。ところが、一九世紀末になると、「平行線公準」を満たさない非ユークリッド幾何学が成立することが、相次いで証明された。

ここでヒルベルトが導いた重要な功績は、非ユークリッド幾何学がユークリッド幾何学と「同等」に成立する根拠として、相互に独立した「公理化」を明確にした点にある。彼は、この方法を集合論や数論にも適用し、「数学全般の厳密な公理化」を追究すべきだと考えた。それが、彼が悲願とした「ヒルベルト・プログラム」である。

ヒルベルトは、一九〇〇年にパリで開催された第二回国際数学者会議の基調講演で、「二三の未解決問題」を公表した。その第一に挙げたのがカントールの連続体仮説に関する「集合論の問題」、第二が数学の公理群が矛盾を導かないことを証明する「公理化の問題」だった。その後、世界の数学者がさまざまな角度から二三の問題に取り組んだことによって、二〇世紀以降の現代数学の方向性が形作られたのである。

その現代数学の第一人者として知られるハーバード大学のラウル・ボット教授が、プリンストン高等研究所の研究員だった時代の思い出を述べている。パーティの席で、ボットは酔った勢いで、ノイマンに「偉大な数学者であるということは、どういうお気持ちなんですか」と尋ねた。ノイマンは答えた。

「『偉大な数学者』だったら、一人しか知らない。ダフィット・ヒルベルトだよ！」

ゲッチンゲン大学数学科・物理学科

一九二六年九月、フォン・ノイマンがロックフェラー研究員として赴任した当時のゲッチンゲン大学数学科には、大御所ダフィット・ヒルベルトを中心に、「楕円関数論」で知られる解析学のリヒャルト・クーラントや数論のエトムント・ランダウら、錚々《そうそう》たる数学者が世界中から集まっていた。

数学基礎論のパウル・ベルナイスは、後にノイマンらと共に「ノイマン・ベルナイス・ゲーデル集合論」を構成することになる。代数学には「史上最も重要な女性数学者」と呼ばれるエミー・ネーターがいた。

ヒルベルトがネーターを私《し》講師《こうし》に推薦した際、教授会で文献学の教授が「兵役を終えた若者が大学に戻って女性の足元で学ばなければならないと知ったとき、どう思うか」と猛反対したことがある。ヒルベルトは、「私講師の審査に、候補者の性別はまったく関係しない。ここは大学であって、公衆浴場ではない！」と答えて彼女を採用したことは、フェミニズム史で語り継がれているエピソードである。

「数学は自由でなければならない」というのが、ヒルベルトの持論だった。彼は、一般相対性理論の「共変方程式」を独自に導き、クーラントと共に英語版で一四〇〇ページを超える大著『数理物理学の方法』を著していることからも明らかなように、純粋数学だけではなく、応用数学や物理学に強い関心を持っていた。

一方、当時のゲッチンゲン大学物理学科を率いていたのは、ヒルベルトの弟子で、一九二六年六月に「量子力学の確率解釈」を発表したばかりのマックス・ボルンである。彼を理論物理学の代表とすると、実験物理学の代表は、量子論を実験的に検証した「フランク・ヘルツの実験」で知られるジェームズ・フランクだった。助手には、「パウリの排他原理」を導いたウォルフガング・パウリと「ヨルダン代数」で知られるエルンスト・ヨルダンがいた。

フランクは、一九二六年にノーベル物理学賞を受賞。ボルンとパウリも、一九二〇年代の業績により、後にノーベル物理学賞を受賞する。三人の専任研究者がノーベル賞に輝いていることだけを見ても、いかに当時のゲッチンゲン大学物理学科が充実していたか、想像できるだろう。

彼らは三人ともユダヤ人であったため、後にナチス・ドイツの迫害を逃れて連合国側に亡命した。ところが、もう一人の助手ヨルダンは生粋のドイツ人で、一九三四年にナチスに入党し、「突撃隊（SA）」隊員になっている。彼はナチス政権下でベルリン大学教授に昇りつめるが、第二次大戦後は一転して公職追放された。

ノイマンと同時期に、同年齢の二二歳で物理学科の博士課程に転入してきたのが、ロバート・オッペンハイマーである。彼は、ハーバード大学を首席、しかも三年間の繰り上げで卒業し、ケンブリッジ大学大学院に進学していたが、ゲッチンゲン大学の自由な雰囲気に憧れて、編入してきたのである。

彼は、ボルンの指導を受けて、原子核と電子の運動を分離して近似的に表す「ボルン・オッペンハイマー近似法」を確立、一九二七年に博士論文を完成させた。

アメリカ合衆国に帰国後は、カリフォルニア工科大学教授となり、原爆開発の「マンハッタン計画」を主導し、ノイマンを中心メンバーに誘う経緯は、すでに述べたとおりである。

ハイゼンベルクとシュレーディンガー

数学科ではノイマンが「天才少年」と騒がれたが、物理学科で「そばかすの神童」と呼ばれていたのが、ノイマンよりも二歳年上の私講師ヴェルナー・ハイゼンベルクである。

彼はミュンヘン大学で博士号を取得後、コペンハーゲン大学の物理学者ニールス・ボーアの下に留学し、量子論を学んだ。一九二五年七月、量子論に独創的な展開を導く論文「量子論的な運動学および力学の直観的内容について」を発表し、ボルンとヨルダンと共に、その数学的体系化に取り組んだ。

一一月、ハイゼンベルクは「行列力学」を発表し、「原子物理学を隅から隅まであらゆる角度から説明できる統一的数学的枠組み」を完成したと主張した。

一九二六年の秋から冬にかけて、二四歳のハイゼンベルクのセミナーに出席した六四歳のヒルベルトは、彼の新しい数学をまったく理解できなかった。助手のロタール・ノルトハイムが、ハイゼンベルクの論文を見ながら詳しく説明したが、それでも不十分だった。

そのセミナーにいた二二歳のノイマンが、ハイゼンベルクの「行列」をヒルベルト空間の「ベクトル」に置き換えて簡潔な公理系で説明してみせたところ、ヒルベルトはようやく理解できて、大いに喜んだという。この方法は、ヒルベルト・ノイマン・ノルトハイムの共著論文として発表された。

このセミナーにいた大学院生で、後にノーベル物理学賞を受賞するマリア・ゲッパート＝メイヤーは、ノイマンがハイゼンベルクの講義に強い刺激を受けて、非常に興奮した様子だったと証言している。ノイマンは、おそらく生まれて初めて、過去に類を見ない新しい理論を創造する「同世代の天才」と出会ったのである。

とはいえ、「行列力学」に対する物理学界の当初の反応は、どちらかというと冷ややかだった。もともと量子論に批判的なベルリン大学のアルベルト・アインシュタインは、ハイゼンベルクの論文を読んで、「ゲッチンゲンの研究者は、こんな理論を本気で信じているのか」と書き残している。

ハイゼンベルクの若さを皮肉って「子どもの物理学」と揶揄《やゆ》するような物理学者もいた。とくに彼の「行列力学」を「直観的イメージを欠く奇怪な模型に過ぎない」と徹底的に批判したのが、チューリッヒ大学のエルヴィン・シュレーディンガーだった。

当時三九歳のシュレーディンガーは、一九二六年一月から六月にかけて立て続けに六編の論文を発表し、原子物理学は彼の発見した波動方程式で十分説明できると「波動力学」を主張した。波動方程式は、物理学者が使い慣れている偏微分方程式なので、その意味では難解な「行列力学」よりも物理学界での受けがよかった。

この状況にハイゼンベルクは憤慨し、「シュレーディンガーの理論は、考えれば考えるほど胸が悪くなる。彼の『直観的』という言葉は、ほとんどナンセンスで、デタラメに過ぎないじゃないか！」とパウリに手紙を書いている。

一九二六年七月二一日、ミュンヘン大学でシュレーディンガーが、完成したばかりの「波動力学」について講演した。質疑応答の際、ハイゼンベルクが立ち上がって、「光電効果や黒体輻射《こくたいふくしゃ》は、波動力学の連続体模型で説明できるのか、その可能性はあるのでしょうか？」と質問した。

シュレーディンガーが答えようとすると、ミュンヘン大学のヴィルヘルム・ヴィーン教授が割って入り、「この若造！　そんな問題は、いずれシュレーディンガー教授が解決することだ！」と大声で怒鳴りつけたという。

ヴィーン教授は、まさに「黒体輻射」の研究で一九一一年にノーベル物理学賞を受賞したミュンヘン大学物理学科の大御所である。彼は、ハイゼンベルクの質問が痛いところを突いていたため、それ以上の議論にならないように、招待講師のシュレーディンガーを擁護したのかもしれない。

いずれにしても、「量子力学」が誕生した時点で、その基礎を表現する数学が二種類に分かれたわけである。この論争は、世界中の数学者と物理学者を巻き込んで、その後数年続いた。

原子の量子効果に関する実験結果が出ると、シュレーディンガーの波動方程式と合致することがわかり、その翌日には、ハイゼンベルクの行列方程式にも合致することがわかる。ある種の問題は「行列力学」で解きやすく、別の問題は「波動力学」を用いる方が解きやすい。

「神は、月・水・金曜日には『波動』、火・木・土曜日には『行列』を用いて原子を動かすらしい（日曜日は休息する）」というジョークが囁《ささや》かれるほどだった。

ノイマンは、ハイゼンベルクのセミナーに出席した段階から、波動方程式も行列方程式も、無限次元のヒルベルト空間におけるベクトルの幾何学で表現できることに気付いていた。ただし、それを立証するためには、次元が連続的に変化する公理系を構成する必要があった。

そこで彼は、有理数の½次元や無理数のπ次元も含めた実数次元が連続的に変化するヒルベルト空間の公理系を生み出し、一九二七年五月、その成果を「量子力学の数学的基礎」という論文にまとめた。

この論文は、数学的に見ると、射影幾何学における部分空間の束の性質を無限次元の場合に拡張したことになる。ここでノイマンが独創的に開発した幾何学は、現代では「連続幾何学」という数学の一分野に発展している。

ノイマンが導いた方程式群は、「ノイマン環」と呼ばれる。これによって彼は、量子力学的状態をヒルベルト空間上に表現することに成功し、結果的に、「行列力学」と「波動力学」の同等性を示したのである。

ノイマンは、続けて「量子力学的集合の熱力学」と「量子力学の確率構造」を発表して量子論三部作を完成。一転して、より純粋数学的な「対称関数作用素の一般固有値理論」を書き上げ、ベルリン大学に教授資格論文として提出した。

ベルリン大学私講師

一九二七年九月、二三歳のノイマンは、ベルリン大学の私講師となった。一八一〇年設立の由緒あるベルリン大学において、史上最年少の私講師である。

ベルリン大学数学科では、博士学位の口頭試問の際に、その大学院生の専門分野の「未解決問題」を見せて試すという慣習があった。もし院生が考え始めたら「不可」で、考え

ノイマンのベルリン大学「私講師（Privatdozent）**身分証明書」**（1932年）

る間もなく「この問題は解けません」と答えたら「優」だというわけである。ところが、口頭試問を見ていたノイマンは、専門外の未解決問題を解いてしまったという。

ノイマンは、彼と入れ代わりにゲッチンゲン大学に移ってヒルベルトの助手となったユージン・ウィグナーと共に原子の「振動」を理論化する「スペクトル理論」に取り組んだ。

原子のスペクトル線とは、原子の放射または吸収の結果、原子に応じて観察される特有の輝線または暗線スペクトルを指す。それが原子のエネルギー準位を表すことは、ボーアが明らかにしていた。

一九二八年にノイマンとウィグナーが発表した三編の共著論文は、原子のスペクトル線に一定の秩序があることを、より根源的にヒルベルト空間の「作用素」の対称性から導いた内容で、物理学界から大きな注目を浴びた。

すでに述べたように、ウィグナーは、この研究を続けて、一九六三年のノーベル物理学賞を受賞している。もしノイマンが一九五七年に逝去していなければ、もちろん同時受賞していたに違いない。

ゲーム理論

一九二八年から二九年にかけて、ノイマンが精力的に発表した論文は、次のようなタイトルである。

「集合論の公理化」「可算合同部分集合の距離分割」「対称作用素の固有値問題」「代数的独立数の体系」「ディラックの電子スピン理論に関する考察」「ゲーム理論」「一般集合論における超限帰納法による定義と関連問題」「戦略的ゲーム理論」「エルミート作用素の一般固有値理論」「新しい力学におけるエルゴード理論とH定理の証明」「線形変換群とその表現に関する解析的特徴」「公理的集合論における整合性問題の矛盾」「線形形式によるミンコフスキー定理の証明」「関数作用素代数と標準作用素理論」「一般測度理論」「非限定的刷込理論」……。

数学基礎論、公理的集合論、抽象代数学、解析学、量子論といった分野のタイトルが並ぶ中に、突然、ゲームに関する論文のあることに気付かれただろうか？

ゲームについては、一九二一年、ソルボンヌ大学の数学者エミール・ボレルが最初に数学的応用に触れた論文を発表している。それに敬意を表したのか、ノイマンは「ゲーム理論」をフランス語で発表、次作の「戦略的ゲーム理論」を通常のドイツ語に戻して書いている。

ボレルの論文は、「ポーカー」で勝つための確率や「ブラフ」の利益率を検討し、数学的なゲーム理論が政治学や経済学にも応用できると述べている。そこからボレルを「ゲーム理論の創始者」とみなす意見も一部にあるが、それには無理があるというのが、数学史学界の大方の見解である。

ノイマンの論文は、「二人零和《ゼロサム》ゲーム」を数学的に定式化し、それぞれのプレーヤーが利益を最大化し損失を最小化する「ミニマックス戦略」をとる場合、そこに「鞍点《あんてん》」と呼ばれる均衡点が生じることを「不動点定理」を用いて示している。これが「ミニマックス定理」あるいは「ノイマンの定理」と呼ばれる重要な帰結である。

そこから数理経済学の「一般均衡理論」や「線形計画法」といった分野が本格的に始まることになるわけだが、それらの原点は一九二八年のノイマンの画期的な定式化と定理にあった。数学史上、その証明を最初に導いたノイマンこそが「ゲーム理論の創始者」とみなされている所以《ゆえん》である。

もしノイマンが一九二〇年代に「ゲーム理論」を追究して、より高度な成果を導いていれば、後にノーベル経済学賞を受賞した可能性も高かっただろう。しかし、若き天才ノイマンの興味は、一分野に留まることがなかった。

ノイマンは、量子力学であろうと数理経済学であろうと、いかなる分野であろうと、既存の概念や偏見に左右されずに、新たな視点から数理モデルを定式化して、効率的な成果を導くための筋道を切り開き、長年の未解決問題でさえ、あっさりと解いてしまうという離れ業を得意にしていた。

ただし、その「開拓」を終えると、すぐに興味を失ってしまう。彼は、睡眠時間を四時間と定め、残りの二〇時間を「楽しいことに使う」と決めていた。その「楽しいこと」の大部分は「考えること」であり、残りが、一流レストランで美食を楽しみ、ベルリンのキャバレーで飲むことだった。

後にノイマンと共に「マンハッタン計画」を推進し、原子核反応理論でノーベル物理学賞を受賞するコーネル大学のハンス・ベーテは、次のように学会発表を点数付けしていた。

「母親にわかる話が一点。女房にわかる話が二点。私にわかる話が七点。発表者とノイマンだけにわかる話が八点。発表者にもわからないがノイマンだけにわかる話が九点。ノイマンにもわからない話が一〇点だが、そんな話は滅多にないね」

婚約

一九二九年末の時点で、ノイマンは、二六歳の若さで三二編の論文を仕上げている。『フォン・ノイマンの生涯』を書いた作家ノーマン・マクレイによると、ヨーロッパの若手数学者や科学者は、この時期にノイマンが次々と発表する論文を「わくわくしながら」待って読み、ノイマンを「教祖とする新興宗教のような雰囲気」が生じていたという。

この年の初夏、父マックスがガンのため亡くなった。マックスは、熱心なユダヤ教徒ではなかったとはいえ、ユダヤの出自に誇りを持っていたため、息子と異教徒の結婚に反対する可能性があったが、その心配はなくなった。

ノイマンが数年前から結婚を意識していた相手は、一九〇九年生まれで六歳年下の幼馴染マリエット・ケヴェシである。ノイマン家とケヴェシ家は、別荘が近所にあったため、二人は幼い頃から夏になると一緒に水遊びをした仲だった。

ケヴェシ家は、不動産で財を成した富豪である。マリエットの父親は、ブダペスト大学医学部教授、母親は敬虔《けいけん》なカトリック信者だった。二〇歳になったばかりの一人娘マリエットは、ブダペスト大学経済学科の学生で、陽気で機知に富み、周囲の大学生の「女王様」的存在だったという。

彼女は、お抱え運転手付の自家用車で社交界のパーティに出掛けるような「箱入り娘」だった。運転手は、会場の外で待機して、門限前に彼女を安全に家に送り届ける。

一九二九年の夏、ノイマンはマリエットにプロポーズした。その言葉は、「君と僕は趣味が似ている。たとえば君も僕もワインが好きだ。さて、結婚しようか」ということで、まるでロマンティックな雰囲気ではなかったらしい。

とはいえ、ノイマンは「天才数学者」として名高く、前途有望な大学講師、しかも結婚前にカトリックに改宗すると約束している。両家とも二人を「理想のカップル(golden couple)」と呼んで、大いに祝福した。

第３章　プリンストン高等研究所

37歳のノイマン（1940年）

ジョニーはアメリカに恋していた!
ユージン・ウィグナー

朝食前にバスローブを着たまま、五ページの論文で証明したのです!
ギャレット・バーコフ

結婚

一九二九年九月、フォン・ノイマンはハンブルク大学の私講師となった。結婚を控えたノイマンは、少しでも早く専任教授職に就くために、ベルリン大学に加えて、私講師職の幅を広げたのである。

後にノイマンが、助手の物理学者スタニスワフ・ウラムに語ったところによれば、当時のベルリン大学には、四〇人以上の私講師に対して、その後三年間に空きそうな専任教授職が、三人分しかなかった。

そこに舞い込んできたのが、プリンストン大学の数学者オズワルド・ヴェブレンからの招聘状だった。ノイマンが一〇月一五日に受け取った手紙は、次のような内容である。

「一九三〇年春学期(二月五日〜六月一日)にプリンストン大学で量子論について講義して

ほしい（週に二、三回）。給与は三〇〇〇ドル、渡航費一〇〇〇ドルを別に支給する」

ヴェブレンは、オックスフォード大学で招聘研究を行った際、ノイマンとユージン・ウィグナーの「スペクトル理論」に感銘を受けて、二人を招くことにしたのである。大学教授の年収が三〇〇〇ドル程度だった時代だから、金額的にも破格の申し出といえる。もちろん二人は、快諾した。

一九三〇年一月一日、ノイマンとマリエット・ケヴェシが、ブダペストで盛大な結婚式を挙げた。新婚旅行は、パリ経由でシェルブール港に向かい、就航したばかりの豪華客船ブレーメン号でニューヨークへ向かう贅沢なものだった。

ヴェブレン夫妻は、「自由の女神」の見えるニューヨーク港でノイマン新婚夫妻を出迎え、マンハッタンの中心街にあるルーズベルト・ホテルに案内した。フルコースの夕食を終えて、デザートには、桃が出された。

マリエットは、「天然の桃はブダペストで食べ飽きていますから、缶詰の桃をください」と言って、給仕を驚かせた。彼女は、アメリカ映画で見たことのある「缶詰の桃」を食べてみたくて仕方がなかったのである。

客室に戻ったマリエットは、「私、ヴェブレン夫妻からジャングル育ちと思われたかしら……」とノイマンに言った。

翌日の午後、ノイマンは、迎えに来たヴェブレンと仕事に出掛けた。二〇歳になったばかりの「箱入り娘」マリエットは、自分の英語が通じるか否か、ドラッグストアに行って、ワインを買ってみることにした。ところが、当時のアメリカは禁酒法時代なので、もちろんアルコール類は販売されていない。

すると、男が近寄ってきて「お酒のあるところへ案内するよ」と言った。彼は、橋の建築工事をしている者だと名乗った。マリエットは、その男に案内してもらって、もぐりの酒場に行き、生まれて初めてスコッチのソーダ割を飲んだ。そして「主人が待っていますから」と、男と握手して別れた。

ホテルに戻ったマリエットから、この冒険談を聞かされたノイマンは、もちろん愉快ではなかったという話である。

この旅行中、ノイマンは、それまでに読んできた膨大な書籍の知識によって、ニューヨークやワシントンのいかなる美術館、博物館や名所旧跡に行っても、学芸員や歴史学者以上の見事なガイド役を務めて、マリエットを感激させた。

プリンストン大学で春学期をノイマンと一緒に過ごしたウィグナーは、次のように述べている。

「着いたその日から、ジョニーはアメリカに恋していた！　ここに住む人々は、伝統に縛られた形ばかりの言葉を使わないし、まったく正気だと思ったようだ。アメリカ合衆国の物質中心主義は、ヨーロッパに輪をかけて酷《ひど》いものだったが、それさえも彼は気に入っていたね」

ノイマンとウィグナーは、翌年以降も客員教授としてプリンストン大学で講義を行うことになった。春学期はノイマン、秋学期はウィグナーがプリンストンに滞在し、お互いが入れ替わりにドイツに戻るというプランだった。

ケーニヒスベルク会議

一九三〇年九月五日から七日にかけて、「厳密科学における認識論」第二回会議がケーニヒスベルクで開催された。この会議は、第九一回ドイツ自然科学・医学会および第六回ドイツ数学・物理学会が共に主催する総合学会で、いわばヨーロッパ中の科学者が総動員される一大イベントだった。

この全体会議の冒頭で「ケーニヒスベルク名誉市民」の称号を受けたのが、ゲッチンゲン大学の数学者ダフィット・ヒルベルトである。

彼は、記念講演「自然認識と論理」において、「数学者に『無知』は存在しない」と断言し、「いまだかつて決定不可能な問題が発見されていない真の理由は、決定不可能な問題そのものが存在しないからである」と述べた。

当時は、一九世紀末にゲオルグ・カントールが創始した集合論に、さまざまなパラドックスが発見され、「数学の危機」が叫ばれていた。ヒルベルトは、その「危機」を脱してカントールの「自由」を守るためにも「ヒルベルト・プログラム」を推進するようにと、世界の数学者に協力を求めた。

ヒルベルトは、「我々は知らなければならない。我々は知るであろう!」という有名な言葉で講演を締め括り、満場の拍手喝采を浴びた。

その後、「数学の危機」に対する数学基礎論をめぐる三学派を代表して、ウィーン大学のルドルフ・カルナップが「論理主義」、アムステルダム大学のアレン・ハイティングが「直観主義」、そしてベルリン大学のノイマンが「形式主義」の立場から講演を行った。

この時点で、カルナップは三九歳、ハイティングは三二歳、ノイマンは二六歳である。若い三人が、三学派を創始したゴットロープ・フレーゲ、ライツェン・ブラウワー、ヒルベルトの後継者として、すばらしい晴れ舞台を飾ったともいえるだろう。

翌日には、ベルリン大学の哲学者ハンス・ライヘンバッハ、ライプツィヒ大学の物理学者ヴェルナー・ハイゼンベルク、ゲッチンゲン大学の数学者オットー・ノイゲバウワーが各一時間の講演を行い、さらに若手研究者三名が、各二〇分で簡単な報告を行った。

その中の一人だったウィーン大学の二四歳の論理学者クルト・ゲーデルは、述語論理の「完全性定理」について証明の概要を述べている。

ゲーデルの不完全性定理

最終日には、数学基礎論に関する討論会が、ウィーン大学の数学者ハンス・ハーンの司会で開かれた。

セッションの終了間近、ゲーデルが立ち上がり、「いかなる形式体系においても、その内容すべてが表現可能であるとは限りません」と述べた。それに対して、ノイマンが、「直観主義的にも許容できる推論規則を形式化できるかどうかは、まだ結論付けられていないでしょう」と発言した。

ゲーデルが「不完全性定理」を公表したのは、この瞬間である。彼は、「古典数学の無矛盾性を前提とすると、その形式体系において、内容的には真であるにもかかわらず、証明不可能な命題の例を与えることができます」と言った。

つまり、ヒルベルトが会議初日の記念講演で述べた「決定不可能な問題そのものが存在しない」という主張が、古典数学の公理系では成立しないことを宣言したわけである。

この歴史的発言に対して、すでにゲーデルから内容を聞かされていたカルナップも、ゲーデルの研究を知っていたはずの彼の指導教官ハーンも、他の出席者も、何の反応も示していない。後に出版されたセッションの議事録には、ゲーデルの重要発言に対するコメントが何もないため、特別にゲーデルの証明の概要が付け加えられたほどである。

この場で即座にゲーデルの発言の重要性に気付いたのは、ノイマンだけだった。彼は、セッション終了後にゲーデルに「非常に興味深い発見について詳しく知りたい」と言って、連絡を取り合う約束をした。

ウィーンに戻ったゲーデルは、第一不完全性定理の決定不可能命題を多項方程式に書き換え、さらに衝撃的な「数学の無矛盾性は、その体系内で証明不可能である」ことを示す第二不完全性定理の概要を加えた。一〇月二三日、ゲーデルは、その概要をウィーン科学アカデミーに提出した。

ゲーデルの完成論文「プリンキピア・マテマティカおよび関連体系における形式的に決定不可能な命題について」を学会誌『数理物理学月報』が正式に受理したのは、一一月一七日である。

その三日後、一一月二〇日付でノイマンがゲーデルに送った手紙には、彼自身が独自に「注目に値する」第二不完全性定理の主旨を発見したという内容が記されている。その手紙を送付した直後に、ノイマンは、ゲーデルの完成論文のコピーを受け取った。

ノイマンが一一月二九日付でゲーデルに送った手紙は、すでにゲーデルが第二不完全性定理を証明していることが明白であり、「もちろん私は、この結果を発表するつもりはありません」と記されている。が、その行間からは、ノイマンの大きな「失望」を読み取ることができる。

当時「ヒルベルト学派の旗手」と呼ばれていたノイマンは、「ヒルベルト・プログラム」に基づいて「数論の完全性」を導くためのセミナーをベルリン大学で担当していたが、そのセミナーも打ち切られることになった。

このクラスにいたプリンストン大学の論理学者カール・ヘンペルは、次のように述べている。

「ある日授業に来たノイマンが、突然、『ヒルベルト・プログラム』は達成不可能だと言った。彼は、それを証明したウィーンの若い論理学者の論文を受け取ったばかりだった」

ノイマンのように生まれてから一度も人に先を越されたことがない天才にとって、自分が推進しようとしていた「ヒルベルト・プログラム」が「達成不可能」だと論理的に証明されたこと、しかもその事実に自分が先に気付かなかったことは、二重のショックだったに違いない。

この経験は、少年時代のウィグナーがノイマンに抱いた「劣等感」よりも、さらに深いダメージをノイマンに与えたかもしれない。

その後、ノイマンは、この分野の第一人者の地位をゲーデルに譲り、二度と数学基礎論に関する論文を発表しなかった。

ノイマンとディラック

ケーニヒスベルク会議が終わった九月の下旬、ケンブリッジ大学の物理学者ポール・ディラックの『量子力学』が、オックスフォード大学出版局から出版された。

ノイマンよりも一歳年上のディラックは、一九二八年、量子力学の波動方程式を特殊相対性理論に対しても満足させる「ディラック方程式」を導いて、注目を浴びていた。

二五七ページに及ぶ英語版『量子力学』の初版には、一枚の図も参考文献もなく、歴史的説明や経験的議論も冒頭以外にはなく、ただ淡々と数式で量子力学が描写されている。

この本は、発行直後から物理学界の賞賛を浴び、日本ではノーベル物理学賞を受賞した朝永振一郎らが和訳したように、世界各国の言語に翻訳されて、その後の量子力学の標準的な教科書となった。

アインシュタインは、この本を片時も離さず持ち歩き、量子力学関連の問題を考える際には、「私のディラックはどこだ」と言いながら参照したという。

実は、ノイマンも、一九二七年に発表した量子論に関する論文三部作を中心に、書籍化する計画を進めていた。ちょうどその著作のゲラの段階で『量子力学』が発行されたため、彼はディラックの定式化に対する批判を書き加えている。

そもそもディラックは、ノイマンが定式化した数学的に厳密な量子力学体系を基盤に議論を組み立てていた。ところが、ノイマンが気に入らなかったのは、そこにディラックが導入した「デルタ関数（delta function）」である。

これは、変数が0ならば無限大、0以外ならば0になるような奇妙な関数で、数学的に厳密な立場からすれば「関数」とさえ呼べないような「恣意的」な導入に映った。ノイマンはこれを「デルタ空想（delta fiction）」ではないかと、皮肉を込めて批判している。

しかし、ディラックの理論と予測は、さまざまな実験結果と完全に合致していた。一九三二年にはハイゼンベルク、三三年にはシュレーディンガーとディラックが、量子力学に対する貢献によって、ノーベル物理学賞を授与された。

一九三四年、ディラックはプリンストン高等研究所で一年間の招聘研究を行った。翌年の夏、ノイマンがケンブリッジ大学で招聘研究するのと交換に組まれたプログラムである。

ディラックは、ノイマンとは違って、非常に内向的だった。この年の秋、プリンストンのレストランで、ウィグナーと妹のマルギットが食事をしていると、いかにも弱々しく、途方に暮れているように見える痩せた男性が入ってきた。

「あの人、誰か知っている?」と妹が兄に尋ねた。「昨年のノーベル賞を受賞したばかりの有名人だよ」とウィグナーが答えると、「私たちと食事ご一緒しませんかって聞いてきて!」とマルギットが言った。彼女は、彼に一目惚れしたのである。

ブダペストに戻ったマルギットは、毎週のように繊細な筆跡で長い手紙を書いて、浮気性だった男と離婚して二人の幼児を育てている自分の日常生活を詳細に報告し、さまざまな質問をディラックに投げかけた。

ディラックは、質問にほとんど答えず、マルギットの英語のスペルミスをリストにして返した。マルギットは「あなたはもう一度ノーベル賞を授与されるべきだわ。それはノーベル残酷賞よ」と返信した。

ついに愛を告白したマルギットに対して、ディラックは「私が君を愛していないことは、君もよく知っているはずだ。そもそも、これまで私は、人を愛したことがないから、そのような微妙な感情を理解できないんだ」と答えた。

この手紙を読んだマルギットは、ブダペストを飛び出て、直接ディラックに会いに行った。そして、その二年後、二人は結婚したのである!　その後、二人の間には新たに二人の子どもが誕生し、彼らは家族全員で、仲睦まじく暮らした。

ノイマンは、親友ウィグナーの妹と結婚したディラックに対して、物理学上の議論は別として、温かく陽気に接した。

『量子力学の数学的基礎』と「隠れた変数」

ノイマンのドイツ語版『量子力学の数学的基礎』は、一九三二年、ドイツを代表するシュプリンガー出版社から発行された。なお、その英語版は、一九五五年にプリンストン大学出版局から発行されて、今も版を重ねている。

本書の最大の功績は、すでに述べたように、量子力学をヒルベルト空間の連続幾何学で表現することによって「行列力学」と「波動力学」の同等性を数学的に厳密に導いた点にある。この成果によって量子力学は「完成した」とみなされた。

ここで興味深いのは、『量子力学の数学的基礎』が、「ノイマンが量子力学に『隠れた変数』は存在しないことを証明した本」として有名になっていった点である。

ゲッチンゲン大学の物理学者マックス・ボルンが一九五八年に発表した著書には、「フォン・ノイマンの公理により、量子力学は一意的に定式化された。非決定論的な自然に対する記述を、決定論的に変化させるような隠れた変数を導入する余地はない」という有名な一節がある。

　同じように、ボーア、ハイゼンベルクやパウリらもノイマンの定式化を絶賛したため、「ノイマンが量子力学に『隠れた変数』は存在しないことを証明した」ことが既成事実のように広がっていったのだが、実はこの表現は正確ではない。

　そもそもノイマンは、三つの公理に基づいて、数学的に厳密に量子力学の体系を定式化している。逆に言えば、その公理の一つでも成立しなければ、体系自体は崩壊する。実際に、当初から第三公理に反論が提起されているように、少なくともボルンの「一意的に定式化」は言い過ぎと考えられる。

　ノイマンの公理系に、同じ波動関数で記述される二つの系があるとする。それらの系が異なる測定結果を導くとき、それは、体系が「非因果的」であるように構成されていることに起因する。もし二つの系に「隠れた変数」のような相違があるがゆえに異なる測定結果を導くのであれば、体系が「因果的」に構成されていることになって、矛盾する。よって「隠れた変数」は存在しないというのが、ノイマンの論法である。

　ただし、ノイマンは注意深く「これによって因果性が放棄されるというのは言い過ぎであろう」と述べている。さらに彼が「量子力学は、知られている限り最良の経験の総括ではあるが、それを経験によって証明することはできない」と結論付けている点も見過ごすべきではない。

ルイス・バンバーガー

さて、一八九二年、三七歳のユダヤ人商人ルイス・バンバーガーが、アメリカ合衆国ニュージャージー州ニューアークの倒産した雑貨店をオークションで買い取った。彼は、妹のキャロラインとその夫フェリックス・ファルドと共に、その店を高級感のある百貨店に改装して商売を始めた。

その店はニューアーク市の大通り「マーケット・ストリート」にあって立地が良く、大成功を収めた。彼らは、一九一二年、ダウンタウンに一〇〇万平方フィート（九万三〇〇〇平方メートル）以上の営業面積を持つ「バンバーガー・デパート」をオープンさせた。

明るいテラコッタの巨大デパートは、周囲の暗い茶褐色のビル群の中でひときわ目立ち、「グレート・ホワイト・ストア」と呼ばれて、人々から愛された。店内はエレガントに装飾され、レストランも大好評で、正面に備え付けられた時計台の下は、ニューアーク市民の憩いの待合せ場所になった。

一九二八年、バンバーガー・デパートの売上高は三八〇〇万ドルを超え、合衆国第四位のデパートに躍り出た。そして、翌二九年の九月、バンバーガーは、突然、デパートの所有権をR・H・メーシー社に二五〇〇万ドルで売り渡した。

その約一ヵ月後、一〇月二四日の「ブラック・サーズデー」にウォール街の株価が大暴落し、世界恐慌が始まった。バンバーガーが大成功の頂点でデパート事業を売却したことは、驚くべき洞察力と幸運の賜物としか言いようがない。

バンバーガーは、謙虚で控え目な人物だった。彼は、自分が成功できたのは、デパートの従業員の献身的な努力のおかげだと考えて、デパートの所有権を手放した際には、二三五人の長期勤務社員に総額一〇〇万ドルのボーナスを支給した。現代の物価を当時の約一五倍と見積もると、二三五人に総額一五億円余りをプレゼントしたことになる。

次に彼が感謝したのは、毎日買い物をしてデパートを大きく育ててくれたニューアークの顧客に対してである。彼は、莫大な資金で医科大学を設立して、ニューアークの市民に恩返しをすることにした。

バンバーガーは生涯独身で、妹夫婦にも子どもがなく、彼らは慈善家として知られていた。すでにユダヤ人協会、ニューアーク博物館、ニュージャージー歴史協会などに多額の寄附をしてきたが、大学を設立するのは初めての試みである。そこでバンバーガーは、当時、最も有名だった教育学者エイブラハム・フレクスナーにアドバイスを求めることにした。

エイブラハム・フレクスナー

フレクスナーは、一八六六年、ケンタッキー州ルイビルで生まれた。幼少期から本ばかり読んでいた彼は、ジョンズ・ホプキンズ大学入学後、学問に目覚めて猛勉強を開始した。

驚異的な二年間の飛び級で大学を卒業したフレクスナーは、一九歳の若さで、故郷の母校ルイビル男子高等学校の古典の教諭となった。そこには、留年を繰り返したため、まだ高校に通い続けている、以前の同級生もいた。

一年後、フレクスナーは、古典を履修していた高校生一一人全員を落第させた。その理由は、全員が「進級の基準となる学力を満たしていない」からだった。親たちは大騒ぎして、教育委員会が公聴会を開き、その様子は新聞に報じられた。

教師と学生双方の証言を聴取した教育委員会は、フレクスナーの指導は適切だったという裁決を下した。温情に流されないフレクスナーの教育方針は逆に評判となり、彼の下には、自分の子どもを教育してほしいという親たちが集まった。

一八九〇年、フレクスナーは「フレクスナー・スクール」と呼ばれる予備校を開設した。実は、彼自身は、昔から当然とみなされてきた「精神面の規律と一貫したカリキュラム」に基づく教育に反発していた。なぜなら、そのような教育こそが、学生たちの向学心を喪失させるからである。

彼のスクールでは、教師は出席を取ることがなく、試験もなく、成績を記録することもない。学生は、目標に応じてカリキュラムを組み、自発的に勉強して小人数の学習グループで助け合い、困ったら教師に助けを求める。その教育が立派な成果を上げて、スクールの学生たちは、ハーバード大学をはじめとするアイビー・リーグの名門校に続々と合格した。

一九〇八年、フレクスナーは著書『アメリカの大学』を上梓し、大学が専門化しすぎたカリキュラムで学生を押し潰し、彼らの「独創性」の芽を摘んでいると批判した。この本を高く評価したカーネギー教育振興財団の会長ヘンリー・プリチェットは、フレクスナーに、医科大学の特別調査を依頼した。

当時のアメリカの医科大学は、州によって設置基準がバラバラで、整骨専門学校に通うだけで「医師免許」を取得できるような地域もあった。とくに南部では、その種の学校を卒業した「医師」の粗雑な「治療」により、多くの患者が実害を被り、感染症も蔓延していたため、事態は深刻だった。

フレクスナーは、まず兄のサイモンが実験部長を務めるロックフェラー医科学研究所と母校ジョンズ・ホプキンズ大学医学部を訪ねて、医科大学が満たさなければならない設備や教育プログラムなどの基準を細かく設定した。そして彼は、合衆国とカナダの一五五校の医科大学を実地調査した。

一九一〇年、その結果が、後に有名になる「フレクスナー報告書」として発表された。医学教育機関として十分な基準を満たしている医科大学は三五校しかなく、残りの一二〇校は「即刻閉鎖すべき」だという厳しい内容だった。

イリノイ州のシカゴには、医科大学が一四校もあったが、その大多数は名ばかりの「インチキ医科大学」だった。フレクスナーは、シカゴを「合衆国の医学教育のガンとでも呼ぶべき地域」と非難した。

そのため彼は、複数の学校から名誉毀損で訴えられたが、裁判では、各々の学校の教育内容が不適切だという証拠を具体的に提示して、すべての訴訟で無罪判決を勝ち取った。彼は「シカゴに足を踏み入れたら射殺する」という脅迫状まで受け取ったが、平気でシカゴ医学教育学会で講演した。

その後、シカゴの「インチキ医科大学」は次々と閉鎖に追い込まれ、妥当な三校のみが生き残った。フレクスナーは、「アメリカ医学界の救世主」と呼ばれるようになった。

高等研究所設置

一九二九年秋、フレクスナーはバンバーガーの代理人弁護士から連絡を受け、「莫大な資金でニューアークに医科大学を設置する」件について、アドバイスすることになった。

フレクスナーの基準によれば、医科大学は、教養課程のある大学に直結し、さらに付属病院を完備していなければならない。ところが、工場と住宅とスラム街の密集するニューアークには大学がなく、図書館もない。そのうえ、ニューアークに隣接する大都市ニューヨークには、あらゆる基準を満たす一八六〇年創立の名門ニューヨーク医科大学がある。

というわけで、フレクスナーは、ニューアークの医科大学の代わりに、彼が以前から構想している「完全に自由な研究者の共同体」を設立してはどうかと、バンバーガーに提案した。

それは、数人の専任教授と短期滞在の研究員によって構成され、学生を教育する義務はなく、外圧もなく、自由な目標に対する研究のみが求められる研究者の「楽園」である。

これが研究者バージョンの「フレクスナー・スクール」であることは明らかだろう。彼は、この「楽園」で、一流研究者があらゆる雑事から解放されて研究に没頭し、ノーベル賞級の成果を量産することを夢見ていたのである。

バンバーガーは、フレクスナーの理念に賛同して、一九三〇年五月、「高等研究所

(Institute for Advanced Study)」を設立することが決まった。ただし彼は、その設置場所は、恩義のある「ニューアーク」でなければならないと主張した。

フレクスナーは、ニューヨークとフィラデルフィアの中間に位置し、どちらへも電車で一時間程度と便利な「プリンストン」を勧めた。一七四六年創立の名門プリンストン大学があり、図書館も完備され、自然環境も豊かな街である。彼は、プリンストンこそが研究に相応《ふさわ》しい環境だと力説した。

設置場所に関する二人の議論は三年続いたが、ついにバンバーガーがフレクスナーの提案を承諾した。そして、一九三三年九月、プリンストン高等研究所が設置されたのである。

五〇〇〇万ドルの寄附に基づく高等研究所は、プリンストン大学とは完全に別組織だが、設立当初は、プリンストン大学のファイン・ホールの研究室を賃借して、図書館等の施設も併用できることになった。その返礼として、バンバーガーは、プリンストン大学にも五〇〇万ドルを寄附している。

高等研究所の設置準備を担当したのは、プリンストン大学数学科から移ってきたオズワルド・ヴェブレンである。彼は、位相幾何学で抜群の業績を上げていた弟子のジェームズ・アレクサンダーをプリンストン大学から引き抜いた。

ヨーロッパからは、著名な学者として、アルベルト・アインシュタインとヘルマン・ワイルを招聘することに決まった。

一九三三年といえば、ドイツでは四月にナチス政権が「公務員法」を改定して、「両親または祖父母がユダヤ人の非アーリア系人種」の公務員は、退職または解雇が強いられるようになった年である。

当時のドイツの大学は、すべて国立だったため、一六〇〇人あまりの「非アーリア系人種」の学者が一挙に職を失うことになり、彼らの多くを悲惨な運命が待ち受けていた。

ドイツ科学界の「英雄」であり「化学兵器の父」と呼ばれるフリッツ・ハーバーでさえ、この年に公職追放されたことは、すでに述べたとおりである。

相対性理論によって世界的名声を得ていたユダヤ人のアインシュタインに対する風当たりは、もっと強かった。彼が教授を務めていたベルリン大学では、反ユダヤ主義を標榜する学生たちが「反アインシュタイン・クラブ」を結成し、相対性理論を批判する論文には奨励金を出していた。

一九三一年には、ドイツの学者が集まって「ユダヤ人物理学」を意図的に批判する書籍『アインシュタインに反対する著者一〇〇人』を出版した。ナチスのプロパガンダに踊らされるドイツでは、知識人でさえ、もはや正気を失っていた。

一方、西側諸国には、アインシュタインを「大学の顔」にしようと、彼に声を掛けた大学も多かった。とくに、オックスフォード大学、パリ大学、カリフォルニア工科大学では着任の条件まで話が進んでいたが、彼が何よりも魅了されたのは、研究者の「楽園」という話だった。

何事にも慎重なアインシュタインが、プリンストン高等研究所への招聘を承諾した際には、「私はその話に燃え立つ思いです（Ich bin Feuer und Flamme dafür.）」と言ったという。

フレクスナーから給与の希望を聞かれたアインシュタインは、もともと金銭に無頓着なこともあって、「学生を教えるわけではないし、机の前に座って考えるだけでよいのですな。それならば年に三〇〇〇ドルで結構です」と答えた。すでに述べたように、三〇〇〇ドルというのは、当時の大学教授の平均的な年収である。

だが、金銭的な余裕も含めて、「あらゆる雑事から解放されて」大いなる研究成果を挙げてほしいと考えていたフレクスナーは、上級教授の年俸を一万五〇〇〇ドルに定めていた。つまり、当時の大学教授の年俸の五倍である。

この金額は、当時の物価で、プール付の大邸宅に暮らして、高級車を数台所有し、住み込みのメイドとコックを雇用してもあり余る「目の玉が飛び出るほどの高給」だった。

プリンストン高等研究所終身教授

所長に就いたフレクスナーの年俸は、さらに高い二万ドルである。彼は、アメリカ国内からヴェブレンとアレクサンダー、ヨーロッパからアインシュタインとワイルを招聘すれば、うまく教授陣のバランスが取れると考えていた。

ワイルは、一九三〇年にスイス連邦工科大学チューリッヒ校から母校のゲッチンゲン大学に戻り、ダフィット・ヒルベルトの後継者として、数学科を取りまとめていた。

彼は生粋のドイツ人だが、夫人はユダヤ人だった。そのため一旦は高等研究所への着任を承諾したが、ゲッチンゲンを離れ難くなったワイルは、一九三三年一月一一日に「招聘の話を白紙に戻したい」という電報を送った。

実は、この電報のおかげで、次の候補者だったノイマンが高等研究所に採用されることになったのである！

すでに述べたように、当時のノイマンは、ベルリン大学に加えてプリンストン大学にも籍を置いていたため、もし彼が高等研究所に移ると、プリンストン大学から同時に三人もの数学者が割愛されることになる。そのためフレクスナーは、ノイマンの採用を躊躇していたのだが、ワイルを招聘できなくなった以上、悠長に構えてはいられない。

フレクスナーとヴェブレンは、一月一二日から一四日にかけての三日間、プリンストン大学の数学科長、学長、理事長らと何度も交渉を行い、ついにノイマンの割愛申請が承認された。一月二八日、フレクスナーは、ノイマンを年俸一万ドルで終身教授に任命する決定を下した。

その二日後の一月三〇日、ヒトラーがドイツ首相に就任し、ナチス党内閣が成立した。ここまでくると、ユダヤ人と結婚しているワイルが公職追放されるのも時間の問題である。慌てふためいたワイルは、「招聘の話を復活してほしい」とフレクスナーに連絡した。そして、結果的に、その希望は叶えられた。

以上のような経緯によって、プリンストン高等研究所は、五人の専任教授陣で発足することになったわけである。この時点で、上級教授は、アインシュタイン（五四歳）、ヴェブレン（五三歳）、ワイル（四七歳）、終身教授はアレクサンダー（四四歳）、ノイマン（二九歳）という年齢構成だった。

アメリカ合衆国市民権

ノイマンは、一九三三年九月にプリンストン高等研究所で専任職を得たのを機に、アメリカ合衆国市民権を申請した。その際、正式に英語名の「ジョン・フォン・ノイマン（John von Neumann）」に改姓・改名したことは、すでに述べたとおりである。

この年にノイマンがヴェブレンに送った手紙には、「ヨーロッパは暗黒時代に戻ろうとしています」とある。ベルリンをナチスの「兵隊たちが闊歩するような状況が二年も続けば（残念ながら、そうなってしまいそうですが）、ドイツの科学は崩壊してしまうでしょう」とも述べている。さらに一九三五年の別の手紙では「今から一〇年以内にヨーロッパで戦争が勃発するでしょう」と、正確に予言している。

ノイマンは、本格的な危機が迫る前にヨーロッパを脱出した。もちろん、ちょうどその時期にプリンストン高等研究所が設立されて、専任職で就職できたという奇跡的な幸運が味方したこともたしかだが、ギリギリまでウィーンに留まって、一九四〇年に命からがら逃げ出した論理学者のクルト・ゲーデルなどと比べても、抜群の「先見の明」があったことは明らかだろう。

大学で授業を担当するようになってから、ノイマンは、常に上下揃いのスーツを着て、胸ポケットにはハンカチを覗かせていた。ベルリン大学私講師になったのが二三歳、プリンストン高等研究所教授になった時点でも二九歳と常に最年少の教員なので、学生と間違えられないようにしたらしい。

その後、フォーマルな衣装は、ノイマンのトレードマークになった。一九四〇年夏、シアトルのワシントン大学での集中講義に出掛けたついでに、グランド・キャニオンに旅行

スーツにネクタイの正装でラバに乗るノイマン（1940年）

した際には、周囲が皆ラフなハイキング姿なのに、ノイマン一人だけが、スーツにネクタイの正装で、ラバに乗っている。

学生がノイマンの講義についていくのは、大変だった。彼は、速すぎる自分の頭脳の回転に合わせるためか、凄まじい勢いで喋りながら、黒板の片隅の六〇センチ四方に電光石火の早業で方程式を書き込む。書き終えると、さっと消して、瞬時に次の方程式を書く。この繰り返しで、学生たちは講義中、息をつく間もなかったという。

ノイマンが一九三〇年代に行った「数学基礎論」・「量子論」・「計測理論」・「演算子理論」・「格子理論」などの講義ノートは、謄写版に印刷されて、競って回覧された。

その格子理論の創始者として知られるハー

バード大学の数学者ギャレット・バーコフは、ノイマンが格子理論の基本定理を導いた証明について、次のように述べている。

「真にすばらしい論理的分析と天賦の才能による偉業です。フォン・ノイマンのカミソリの刃のような鋭い精神の動きを確かめたければ、ぜひ彼の証明の一連の流れを追ってください。しかも彼は、その定理を、朝食前にバスローブを着たまま、五ページの論文で証明したのです！」

第４章　私生活

プリンストンの自宅。ノイマンとクララと飼い犬「インバース」（1954年）

ゲーデルを救出すること以上に、重大な貢献はありません！
ジョン・フォン・ノイマン

そのうち将軍になるかもしれない！
ジョン・フォン・ノイマン

自動車運転免許証

アメリカ合衆国では、州の運転試験場に行って筆記試験を受けて、合格すると、その場で「仮免許証」が発行される。この仮免許証さえあれば、誰か免許保持者が助手席に同乗してくれると、一般道で車を運転できるのである！

私はミシガン州に留学中、仮免許証を受け取ってから、二週間ほど車道で運転を練習して、本試験を受けた。試験官が助手席に座り、「そのまま直進して……。次を右、その先を左……」と指示する。言われたとおりに一般道を運転して、スムーズに高速道路に出入りできれば、合格である。あまりにも簡単に「運転免許証」を取得できて、驚いた記憶がある。掛かった申請費用も、当時五ドル程度にすぎなかった。

この方式は、一九三〇年代のアメリカでも同じである。広大な国土に、幅広い道路が縦横無尽に拡がり、車がなければ生活できない「車社会」のアメリカらしい緩《ゆる》い制度といえる。

フォン・ノイマンの妻マリエットは、ブダペストで運転免許証を取得した。ハンガリーの免許制度は、日本と同じように非常に厳しく、合格するために交通法規の細則から車の修理法まで学習したという。ただし彼女は、運転手付きの車に乗っていたため、ほとんど自分で運転することはなかった。

そのマリエットが助手席に座って、ノイマンが運転の練習を始めた。が、ハンドルを左右に振りすぎ、猛烈にアクセルをふかして急ブレーキを踏む癖が治らない。ここで思い起こすのは、少年時代のノイマンがあまりにも不器用だったため、フェンシングの教授がサジを投げた話である。これでは本試験に合格するはずがないと、周囲の誰もが思っていた。

ところが、ノイマンは本試験に合格したのである！　彼は、「奥の手」を使ったに違いないと噂された。当時のアメリカは不況で、試験官によっては融通が利いたという。とくに「立派なシガレット・ケースをお持ちですね」と誉める試験官は脈があり、それをプレゼントしたおかげだろうという噂である。

いずれにしても、晴れて運転免許証を取得したノイマンは、その後有名になる彼独特の

「無謀な運転」を繰り返し、毎年のように車をぶつけて破壊しては買い替えることになった。彼が何度も事故を起こしたプリンストンの交差点は、「フォン・ノイマン・コーナー」と呼ばれるようになった。

ノイマンが好んだのは、頑丈で大型でスピードの出る車だった。オープンカーの新型「キャデラック・コンバーチブル」を購入した際には、友人たちに見せびらかして自慢した。「なぜキャデラックを買うのか」と問われたノイマンは、「なぜなら、誰も戦車を売ってくれないからね」と答えている。

後にニューヨークでノイマンの運転する車に乗ったＩＢＭの重役カスバート・ハードによれば、彼の問題は歌を歌いながら運転することだった。歌に合わせて身体を左右に揺らすため、同時にハンドルも左右に動いてしまうのである。

ちなみに数年間のトラブルだけを取り上げても、一九五〇年一一月一六日に衝突事故で車体修理、五一年一〇月二三日に交通違反で罰金一〇ドル、五三年五月一九日にスピード違反、七月一五日に再び衝突事故、といった記録が続く。

一九三四年に生家に戻った際には、ジェノヴァからブダペストに向かう高速道路で事故を起こした。ノイマンは、高等研究所のオズワルド・ヴェブレンに次のように報告している。

「土砂降りの雨になりました。車のスピードは、その悪天候で走るには少し速すぎたらしく（結果的に判明したことですが）、突然車が横にスリップして、木に衝突してしまったのです。私たちは、フロントガラスに鼻をぶつけて、酷《ひど》いことになりました。……あまり強調したくないのですが、歴史的事実として報告しておきますと、運転していたのは私でした」

当時は、車のスピードといっても現代ほどの高速ではなく、走行する車も少なく、高速道路で事故を起こしても「鼻をぶつける」程度で済んだ長閑《のどか》な時代だった。ノイマンは、本や論文を読みながら車を運転していたという証言もあるくらいだが、幸いにも大事故には至っていない。

マリーナ・フォン・ノイマン

一九三三年一〇月、物理学者アルベルト・アインシュタインが、エルザ夫人と共にニューヨーク港に到着した。

パリ大学の物理学者ポール・ランジュヴァンは、それは「ヴァチカン宮殿をローマからアメリカに移すくらいの大事件だった」と述べている。「物理学の法王」であるアインシュタインが腰を据えた以上、今後はアメリカが自然科学の中心地になるだろうと、学界では大騒ぎになった。

当時のニューヨーク市長ジョン・オブライエンは、華々しい市内パレードと歓迎会を予定していたが、派手なことの苦手なアインシュタインは、市内を迂回してモーターボートでニュージャージー海岸に渡り、プリンストンに到着した。

世界中から集まった一〇〇人以上の新聞記者がアインシュタインを追い回したため、彼はしばらくの間、裏口からファイン・ホールの研究室に入らなければならなかったという。

一九三五年一月、マリエットが身籠って八ヵ月になる日曜日の午後、ノイマン夫妻とアインシュタイン夫妻が一緒に夕食をとっていた。アインシュタインは、その晩、夫妻でニューヨークの演奏会の貴賓席に招かれていたが、エルザは体調がすぐれなかった。そこで茶目っ気のあるアインシュタインは、マリエットを同伴して演奏会に出掛けることにした。

翌朝の新聞は、五六歳のアインシュタインが二六歳のお腹の大きい美貌のマリエットに腕を貸している写真を掲載し、「この老教授のどこにそんな魅力があるのか」と報じた。

三月六日、ノイマンとマリエットの間に、娘マリーナが誕生した。彼女は、ノイマンの遺した唯一の子どもである。

その後、マリーナは、ハーバード大学経済学科を最優秀成績で卒業し、コロンビア大学大学院で博士号を取得した。ピッツバーグ大学助教授から教授、ゼネラルモーターズ主席経済担当役員を経て、同社副社長となる。一九七二年から七三年にかけては、ニクソン政権の経済諮問委員会委員も務めた。一九九二年以降は、ミシガン大学教授となっている。

ノイマン家のパーティ。左からロバートソン夫人、マリエット、物理学者ユージン・ウィグナー、ウィグナー夫人、ノイマン、物理学者エドワード・テラー、物理学者ハワード・ロバートソン（1934年頃）

二〇一二年、七七歳のマリーナは、英語版『火星人の娘』という自伝をミシガン大学出版局から上梓した。そのおかげで、とくにプリンストン時代のノイマン家の複雑な家庭事情についてわかったことも多い（この本自体が、すばらしく興味深い作品なので、邦訳・出版されることを願っている）。

「火星人」というのは「マンハッタン計画」を推進したハンガリー系科学者集団の

ことである。すでに述べたように、彼らは、あまりにも人間離れした天才ばかりだったため「火星人」と呼ばれたわけだが、もちろん、ここでは父親ノイマンのことを指している。

一九三五年一二月、ノイマンが高等研究所の助手として招いたポーランドの物理学者スタニスワフ・ウラムが、初めてプリンストンに到着した際の様子を述べている。

「真っ直ぐにフォン・ノイマンの自宅を訪ねた。すごい大邸宅だった。黒人の召使に入れてもらうと、居間にサロモン・ボホナーがいて、赤ちゃんが床をハイハイしていた」

「大邸宅」は、プリンストンの高級住宅街ウエストコット通り二六番地の白亜の巨大な建物、サロモン・ボホナーは後に「ボホナー積分」で知られるようになるプリンストン大学客員教授の数学者、赤ちゃんが生後九ヵ月のマリーナである。

離婚

ブダペストやウィーンには、いたる所にカフェがあって、学生たちはコーヒーを飲みながら気楽に議論ができる。しかし、当時のプリンストンには、そのように気の利いた場所がなかったので、ノイマン夫妻は、自宅を開放した。

夜には、場合によっては週に二、三回と、頻繁にパーティを開いた。それも、缶ビールを持って集まり、屋外で立食するようなアメリカ式のバーベキュー・パーティではない。

制服を着た給仕がシャンパンの並んだトレイを持って、正装した客の間を回り、フロアでは社交ダンスを踊るような、ヨーロッパ風のサロン・パーティである。

パーティの最中、ノイマンは研究者との会話に没頭し、何かアイディアを思いつくと書斎に駆け込んで、方程式を書くようなことも多かった。ノイマンは、マリーナの体重を毎日計測しては喜ぶ「子煩悩」な一面もあったが、決してオムツを代えるようなことはなかった。

マリーナを寝かしつけた妻のマリエットは、夜遅くまでゲストの相手をしなければならず、次第にノイマンとの間に溝が生じ、それは深くなっていった。

後にマリーナは、父親と母親の間に横たわっていた根本的な問題について、次のように述べている。

「父が人生で何よりも愛していたのは考えることで、起きている時間の大部分は、そのために費やされました。そして、これは多くの天才に共通することですが、周囲が感情的に望んでいることに無関心でした。母は、周囲からの注目の中心にいることに慣れていて、誰と比較されようと、たとえそれが夫であろうと、第二の地位に甘んじることは嫌いでした」

そこに現れたのが、ホーナー・クーパーである。彼は、プリンストン大学大学院に在籍し、ユージン・ウィグナーの下で原子核物理を研究していた。一九一〇年生まれなのでマリエットと同世代であり、ブダペスト大学時代の男子学生と同じように、彼女のことを「女王様」扱いした。

マリエットは、クーパーのことを「デズモンド」と呼んだ。それは、もともと彼女がお気に入りの陶器の犬に付けていた名前だが、クーパーの顔が、その犬の顔にソックリだったからである。彼は、怒るどころか、そう呼ばれたことに大喜びで、その後、「デズモンド」と自称するようになった。

デズモンドは、陽気な好青年だった。彼は、コカ・コーラの瓶の上に板を置き、その上にバランスを取って座るような軽業ができた。車の運転も得意で、教授陣からは、「ウィグナー教授の運転技術を向上させよ」という指令も受けていた。

ウィグナーは、ノイマン以上に運転が下手だった。ノイマンが道路の中央を猛スピードで走るのに対して、ウィグナーは道路の右側をノロノロと走る。交通法規を守ることばかり注意しすぎて、タイヤが右側の歩道に乗り上げてしまう。その都度、歩行者は、飛び上がって逃げなければならなかった。

一九三六年の夏、ノイマンはポアンカレ研究所でセミナーを主宰した。その間、マリエットと一緒にパリで過ごす予定だったが、そこで大喧嘩になったらしい。マリエットはマリーナを連れてブダペストの実家に里帰りしてしまった。秋学期になると、ノイマンは、一人でプリンストンに戻ってきた。

基本的に「離婚」そのものを認めないカトリックの影響が強いアメリカでは、一九七〇年代に「無過失離婚法」が認められるまで、相手の不貞・虐待・暴力・犯罪・家庭放棄などを立証して裁判所で認められなければ、離婚できなかった。ただし、「離婚天国」と呼ばれるネバダ州でだけは、六週間の滞在後、一方が申請すれば離婚が認められていた。

というわけで、一九三七年の九月下旬から一一月上旬にかけて、マリエットは、ネバダ州リノに六週間滞在した。

ここで不思議なのは、その間にマリエットがノイマンに何通も手紙を書いていることである。しかも、それらの文面は、とても離婚を申請する妻が書いたとは思えないものだった。

たとえば、彼女が九月二二日にリノのリバーサイド・ホテルから送った手紙は、「愛するジョニー（Johnny Sweetheart）」で始まり、リノが「地獄」のような街で退屈極まりないと愚痴を語った後、「あなたは元気？　きちんと生活できているかしら？　私のこと少しは愛している？　たくさん返事を書いてちょうだい」と書いてある。また「一〇〇万回のキス（Million kisses）をこめて」で終わっている手紙もある。

このような手紙を離婚申請中の相手に平気で書けるのが、天真爛漫なマリエットの本性なのかもしれない。あるいは、もしかすると、この手紙を見たノイマンがリノに迎えに行けば、彼女はプリンストンに帰るつもりだったのかもしれない。しかし、後に詳細を述べるが、すでにこの時点で別の女性に恋していたノイマンは、後戻りするつもりはなかった。

ネバダ州で正式に離婚判決を受け取ったマリエットは、一一月二五日、デズモンドと結婚した。彼は、博士号を取得し、ワシントンD．C．の生物物理学研究所の研究員として就職したばかりだった。

結果的に七年余りで終わったノイマンとマリエットの結婚生活は、いわゆる「円満離婚」で終わり、慰謝料も発生していない。ただし、子どもの養育費はノイマンが支払い、「マリーナは、一二歳になるまで母親と暮らし、その後一八歳になるまでは父親と暮らすこと」という条件が付いていた。

この条件を主張したのは、マリエットだった。一二歳になったマリーナがその理由を尋ねたところ、「あなたはフォン・ノイマンの娘だから、彼と一緒に暮らして、彼のことを知らなければならないからよ」と答えたそうだ。

ノイマンとゲーデル

一九三〇年から三八年まで、ノイマンは、プリンストン大学で講義を担当し、周囲が夏季休暇をとっている間にも、ケンブリッジ、パリ、モスクワ、ワルシャワ、オスロなどヨーロッパ各地で講演やセミナーを行った。結婚・移住・離婚と、私生活でさまざまな混乱が生じていたにもかかわらず、独創的な論文を発表し続ける驚異的な姿に変わりはなかった。

たとえば、一九三三年にノイマンが発表した論文は、ダフィット・ヒルベルトが一九〇〇年に国際数学者会議で提起した二三の未解決問題の「第五問題」を部分的に解決している。彼は、表現することさえ複雑な第五問題を、「位相群」の概念を用いて、「位相多様体である位相群は解析的リー群か」と定式化し直し、それが可換群の場合に成立することを示したのである。この成果は、あまり広く知られていないが、位相幾何学や群論の世界では、偉大な業績として賞賛されている。

ここでノイマンが用いたのは、新たな視点から数理モデルを定式化して未解決問題を解くという意味で、彼の集合論や量子論やゲーム理論と、まったく同じ天才的方法といえる。

そのノイマンが、「二〇世紀最高の知性」と呼ばれるたびに、「それは自分ではなくゲーデルだ」と返答するほどに高く評価していたのが、一九三一年に「不完全性定理」を導いたウィーン大学のクルト・ゲーデルである。

すでに述べたように、ノイマンは誰よりも早くその重要性を認識し、自分が証明できなかったことを誰よりも深く失望していた。それでも彼は、ゲーデルの不完全性定理を「時間と空間をはるかに越えても見渡せる不滅のランドマーク」と賞賛した。

ゲーデルの業績がアメリカで急速に認められたのは、ノイマンが一九三一年の秋学期にプリンストン大学で不完全性定理に関する一連の講義を行ったおかげである。

一九三三年から三八年にかけて、ノイマンはゲーデルが毎年プリンストン高等研究所で連続セミナーを行えるように手配し、そこでゲーデルは、新たに「一般帰納的関数」や「構成可能集合」といった重要概念を公表することができた。

ゲーデルには「鬱病と人格異常」の持病があったため、高等研究所では彼の招聘に反対する意見もあった。マリエットは、ゲーデルがノイマン邸に勝手に入ってきて、書斎に入り、蔵書を取り出して読んで、黙って出て行く姿に恐怖を感じたこともあった。それでもノイマンは、ゲーデルを擁護した。

一九三八年三月、ナチス・ドイツは、オーストリアを併合した。ウィーン大学の「私講師」制度は廃止され、「新秩序の講師」制度が設置された。ゲーデルは、ユダヤ人ではないが、ユダヤ人研究者が多かった「ウィーン学団」に参加していたため、簡単には新秩序の講師として承認されなかった。

事態が急展開したのは、この後である。一九三九年九月一日、第二次大戦が勃発した。ゲーデルは、ドイツ陸軍から「守備隊勤務適合」の通知を受け取って、慌てふためいた。彼の私講師の資格は一〇月一日付で無効となるため、それ以降は、いつでもドイツ陸軍に召集されるという恐怖の可能性が生じたのである。

ウィーンを脱出するためには、ドイツ出国許可証と合衆国特殊ビザが必要だが、それらを通常申請で取得することは、もはや不可能だった。それを知ったノイマンは、高等研究所の所長エイブラハム・フレクスナーにゲーデルを専任研究員として招聘するよう嘆願した。この嘆願書は、国務省の最高レベルまで回覧されている。それは、次のような文面だった。

「ゲーデルは、余人をもって代え難い人間です。彼は、私がそのように断言できる唯一の存命する数学者です。……現代の科学界において、ヨーロッパの瓦礫の中から、ゲーデルを救出すること以上に、重大な貢献はありません！」

結果的にゲーデルは「ありとあらゆる手段」によって救出された。ノイマンは、天才には驚くほど親切だった。

合衆国市民権と再婚

一九三七年、申請から四年近い審査期間を経て、三四歳のフォン・ノイマンは、アメリカ合衆国市民権を獲得した。

この時点で、彼は第二次大戦開戦が避けられず、しかもアメリカが参戦するに違いないと考えていた。そこで彼は、すでに述べたように、合衆国陸軍兵器局予備役士官試験を受けるという驚くべき行動に出たのである。

ノイマンは、凄まじい集中力で士官採用試験の準備を進め、一九三八年三月に実施された「陸軍組織試験」で満点、「陸軍規律試験」でも満点を取り、夏に行われる予定の最終試験に合格すれば、採用リストの最上位で士官に任命されることに決まった。ところが、開戦の準備に追われていた陸軍では問題作成が間に合わず、最終試験は半年延期されてしまった！

合衆国陸軍ほど規律の厳格な組織で、士官採用試験が延期されるような異常事態は、通常では考えられない。しかし、そのおかげで、ノイマンは、一九三八年の秋、第二次大戦勃発前にヨーロッパを訪れる時間的余裕ができた。そして、そこで彼は、再婚することができたのである。

相手のクララ・ダンは、一九一一年八月一八日、ブダペストの裕福なユダヤ人家庭に生まれた。ノイマンより八歳年下ということになる。父親チャールズは、実業家であり投資家、母親カミラは茶目っ気のある淑女だった。幼少期のクララは、ノイマンと同じように、巨大なアパートを所有する祖父の下、親族一同の中で育った。

ブダペストのギムナジウムに進学後、クララは、フィギュア・スケートの猛特訓を始め、一四歳のときには、ハンガリーの大会で「ナショナル・チャンピオン」になっている。

ダン家は、毎週パーティを開いていたが、そこに集まったのは、ブダペスト時代のノイマン家のゲストのような知識人ばかりではなく、「街で一番おもしろい人たち」だった。後にクララは、それが次のような人々だったと述べている。

「世界的に有名な人もいれば、誰も知らないような人もいました。名門貴族、イカサマ詐欺師、元女王、これからの女王、日雇いの女性清掃員、コールガール、政治家、労働者、酒飲みの哲学者、誰もが認める天才、欲求不満の負け犬……」

一九三一年、二〇歳になったクララは、その中でも最も「詐欺師」に近い男に騙されて、結婚してしまった。彼が「根っからのギャンブラー」で、彼女との結婚も財産目当てだったと気づいたときは、後の祭りだった。

その失敗の償いとして、クララは四年間、「ありとあらゆる厄介事」を経験させられた。

ようやく離婚できたのは、父チャールズが、相当の金額を払って助けてくれたからである。

離婚が成立する前年の夏、クララ夫妻は、モンテカルロに停泊中の豪華客船リヴィエラ号のカジノにいた。夫はルーレットに夢中で、クララはバーでカクテルを飲んでいた。

そこに現れたのが、休暇中のノイマンである。彼は、手持ち資金を使い果たしていたので、クララに一杯奢ってもらった。それが、二人の最初の出会いだったという。

一九三六年、クララは、一八歳年上の銀行家と再婚した。今度の相手は、前夫とは正反対に真面目で、ギャンブルにもまったく無縁の立派な人物だった。「彼は、親切で、優しくて、気配りもしてくれる夫でした。……でも私は、涙が出るほど退屈してしまいました」とクララは言う。彼女は、一年も経つと、再び離婚を考えるようになった。

一九三七年の夏、ブダペストで再会したノイマンとクララは、お互いの伴侶との離婚を目前にしていた。何時間も話し合い、長い手紙でやり取りをしているうちに、お互いに惹かれ合うようになり、「私たちは、最高に相性がよいことがハッキリしたのです」という結論に至ったわけである。

ノイマンの離婚は、すでに述べたように、一九三七年一一月に成立した。クララの離婚手続きは長引いたが、三八年一〇月、ハンガリーの家庭裁判所で認められた。そして、ノイマンとクララは、一一月一八日、ブダペストで結婚した。

一二月一八日、豪華客船クィーン・メリー号でニューヨーク港に到着した二人は、マンハッタンの高級ホテル「エセックス・ハウス・アンド・カジノ」で、セントラル・パークを見下ろす高層階のスィート・ルームに滞在した。

あまり広く知られていないが、当時からニューヨーク市内にはカジノがある。そして、これは調べてみて驚いたことだが、ノイマンは「ゲーム理論」を創始した天才数学者でありながら、記録に残されている資料を見る限り、カジノでは負けてばかりだったのである！

新婚夫妻の滞在費は、宿泊とレストラン、そしてカジノで支払った小切手を含むと、莫大な金額となった。一二月二四日、街がクリスマス・イブで賑わう日付けで、ホテルの会計支配人からプリンストン高等研究所に送付された手紙は、「フォン・ノイマン氏の財政状態と社会的地位」について、信用調査の問い合わせをしている。

ヒトラーとゲッベルス

プリンストン高等研究所は、一九三五年、微分位相幾何学の「モース理論」で知られるコーネル大学の数学者マーストン・モースを終身教授に任命した。これで高等研究所の専任教授は、六人になった。

短期滞在の研究員は、一九三四年から三五年にかけて、二三人に達している。その中には、ポーランドの物理学者スタニスワフ・ウラム、スイスの物理学者ウォルフガング・パウリやドイツの数学者エミー・ネーターのように、帰国すれば生命の危険があるユダヤ人研究者たちも多く含まれていた。

ドイツでは、一九三四年八月二日、パウル・フォン・ヒンデンブルク大統領の死去により、アドルフ・ヒトラーに首相権限に加えて大統領権限が委譲され、完全な独裁体制が成立した。八月一九日に実施された国民投票では、ヒトラーを最高指導者としての「総統(Führer)」と認める賛成票が八九・九%(投票率九五・七%)で可決された。

この結果だけを見ると、ドイツ国民は、「民主的」な選挙によって「独裁制」を自ら選択したということになる。ただし、この時点でナチス内部の反ヒトラー勢力は粛清され、ナチスに抵抗する自由主義者や共産主義者は、ミュンヘン郊外に完成したばかりのダッハウ強制収容所に収容されている。ドイツ国民には、もはや選択肢がなかったともいえる。

第一次大戦で敗北し、世界恐慌下にあったドイツには、大量の失業者が溢れていた。ところが、ヒトラーは、徴兵制を制定して八六万人の若者を「ドイツ国防軍」に吸収し、軍需・自動車産業や「アウトバーン」建設に多額の公共投資を行って、ほぼ一年で完全雇用を実現させることに成功した。

ヒトラーは、「神聖ローマ帝国」と「帝政ドイツ」に続く「第三帝国」、すなわち「理想の国家」の建国を、甲高い声と独特の仕草で演説し、ドイツ国民を奮い立たせた。さらに彼は、「一家に車一台」を供給して、「週末には家族で車に乗ってピクニック」ができるようにすると公約した。

ナチス政権成立後、実際にドイツの景気は大幅に回復し、国民総生産と国民所得は、たった数年で一挙に二倍近くに膨れ上がった。ドイツ国民は、熱狂した。

一方、一九三五年九月一五日、ヒトラーは悪名高い「ニュルンベルク法」を公布した。この法律によって、ユダヤ人の公民権は完全に剥奪され、「アーリア人種の血統」を守るという理由から、ドイツ人とユダヤ人の婚姻が禁止された。

ここでいう「ユダヤ人」とは、本人の信仰とは無関係に二親等まで遡る「血統」によって定義される。それには細かい規定があるのだが、要するに、両親あるいは祖父母の誰かがユダヤ教の共同体に所属していたら、その子どもや孫は「ユダヤ人」と認定され、「劣等民族」とみなされたのである。

すでに二年前からユダヤ人は公職追放されていたため、当初、この法律は、それほど大きな影響を及ぼさなかった。ヒトラーは、一九三六年八月に開催されるベルリン・オリンピックを自由主義諸国がボイコットすることを警戒して、人種差別発言を控え、反ユダヤ政策も一時的にストップさせた。

しかし、その状況は、長くは続かなかった。一九三八年三月にオーストリアを併合し、九月のミュンヘン協定で、イギリスとフランスにチェコスロバキアのズデーテン地方割譲を全面的に認めさせたヒトラーは、宣伝大臣のヨーゼフ・ゲッベルスに、本格的にユダヤ人を追い詰めるよう命じた。

ゲッベルスは、ヒトラーの総統就任演説の原稿を書き、ベルリン・オリンピックを総指揮して「ドイツの優秀性を世界に誇る一大ショー」を演出した人物である。オリンピック発祥の地オリンピアから聖火をリレーして開催地まで運ぶ演出も、このオリンピックから始まっている。

水晶の夜

一九三八年一一月七日、パリのドイツ大使館を訪れた一七歳のユダヤ人少年ヘルシェル・グリュンシュパンが、応対したドイツ人外交官エルンスト・ラートを拳銃で二発撃つという事件が発生した。

グリュンシュパンは、ユダヤ人であることだけが理由で、ドイツのギムナジウムから放校処分となり、パリで困窮生活を送っていた。

彼の両親もドイツから追放され、出身地の祖国ポーランドに戻ろうとしたところ、ドイツと同じ反ユダヤ政策を開始したポーランド政府は、国境を封鎖して入国を拒否した。彼らは、どこにも行く場所がなくなり、放浪を余儀なくされた。国境周辺の無人地帯に追放されたユダヤ人は二万人近くに達し、冬を迎えてからは、多数の餓死者や凍死者が出た。

ナチス・ドイツの仕打ちに激怒したグリュンシュパンは、ユダヤ人の惨状を世界に訴えるためには、テロを起こすしかないと考えるようになった。彼は、リボルバー拳銃を入手し、ドイツ大使を殺害するために大使館に向かったが、面会を断られて、外交官のラートを撃ったのである。

皮肉なことに、ラートはナチスの反ユダヤ政策に抗議し、秘密警察ゲシュタポからマークされていた人物だった。

ヒトラーは、この事件を奇貨として、憤ってみせた。新聞にテロ事件を大々的に取り上げさせ、ラジオではラートの容体を刻々と発表させて、ドイツ人の感情を煽《あお》った。彼は、自らの主治医をパリに派遣して治療に当たらせ、パリにいた多くのドイツ人が輸血を申し出る事態となったが、一一月九日午後四時半、ラートは死亡した。

この事件を最大限に悪用したのが、ゲッベルスである。彼は、テロ事件で怒り心頭に発する市民の中に、多くのナチス突撃隊員を紛れ込ませて、ユダヤ人に対する暴動を画策させた。その一方で、ドイツ各地の警察には、「今夜の暴動は、いっさい取り締まらないように」と部下に命令させた。

一一月九日の夜から一〇日朝方にかけて、ドイツ全域で、ゲッベルスが背後で糸を引いた組織的暴動が発生した。ユダヤ人の会社や住宅、病院や学校が次々と攻撃され、略奪され、ユダヤ人は追い詰められて、殴られ、強姦された。破壊された商店は七五〇〇、殺害されたユダヤ人は九六名に及ぶ。

ゲッベルスは、粉々に砕けたショー・ウィンドウのガラスが月明かりに照らされて輝くのを見て、「今夜は水晶の夜だ」と言ったという。

歴史的には、この「水晶の夜」が大きな転換点となって、ユダヤ人迫害が「追放」から「虐殺」、さらに「絶滅」へとエスカレートするに至ったとみなされている。

ここで興味深いのは、一九四九年の夏、第二次大戦後初めてヨーロッパを訪れたノイマンが、次のような手紙をクララに送っていることである。

「ヨーロッパに対して、私は、郷愁とは正反対の憎悪を抱いている。なぜなら、どの街角を見ても、私が一九歳から二二歳の頃に抱いていた人生をときめかせる希望を思い出させるにもかかわらず、その希望は消え去り、残された瓦礫は、何の慰めにもならないからだ。……私がヨーロッパを嫌悪する理由は、一九三三年から三八年九月までに、人間の良識に対する徹底的な幻滅を経験したからだよ」

一九三三年がナチス政権の誕生、三八年九月がミュンヘン協定を指すことに間違いはないだろう。ここでノイマンが「人間の良識に対する徹底的な幻滅」と強く批判しているのは、自由主義陣営が、戦争を回避しようとするあまりに、ヒトラーに何度も譲歩し続けたこと、つまり五年余りも「宥和《ゆうわ》政策」を取り続けたことに対してだと考えられる。

「水晶の夜」の生じた「三八年一一月」は、もはやノイマンの「徹底的な幻滅」の時期にさえ含まれていない。なぜなら、ノイマンの頭脳の中にある方程式に「一九三三年から三八年九月まで」の初期値を代入すれば、「水晶の夜」からユダヤ人「絶滅」を導くシナリオが容易に導かれるからだろう。

クララは、結婚前に何度も話し合った時点で、ノイマンの「陰鬱な未来」に対する見解が「驚くほど事実に近い」ものであり、「いくつかの予想の正確さには、身震いさせられるほどでした」と述べている。

普段は感情を見せないノイマンが、ナチスに対しては「尽きることがないほど強い憎悪」を抱いていた。ここで重要なのは、その「憎悪」以上に彼に「幻滅」を抱かせたのが、自由主義陣営の「宥和政策」だったという点である。

後に詳細を述べるが、第二次大戦後のノイマンは、自由主義陣営がソ連の独裁者ヨシフ・スターリンに「宥和政策」を取ることに一貫して反対し続けた。ノイマンがソ連への先制核攻撃を強硬に主張した理由については、彼のヨーロッパに対する「徹底的な幻滅」を含めて考慮する必要があるだろう。

暗闇の中の灯台

一九三九年一月、ノイマンとクララの新婚夫妻は、プリンストンの邸宅に入居した。クララは、ブダペスト風の装飾だった屋内を全面的に模様替えして、モダンな家具で一新し、それに合わせて陶芸品や銀食器も購入した。さらに、車も新車「キャデラック・V8クーペ」に買い替えている。

こうして調べていくと、クララがノイマンの前妻マリエットの痕跡を消そうとしていることがよくわかるのだが、ノイマンは、まったく無頓着だったようである。

というのは、その新車でクララと一緒にドライブに出掛けた先が、マリエット夫妻の家だったからである。そこには、四歳になったばかりのノイマンの娘マリーナもいた。

後にクララは、この日、ノイマンとマリエットが、「よそよそしい愛情、あるいは愛情あるよそよそしい態度のゲーム」を繰り返して、彼女を深く傷つけたと語っている。

ノイマンからすれば、一二歳になればマリーナを引き取る約束もある以上、早目に双方の家族が知り合っておく方がよいと考えて、結婚の挨拶に行っただけなのかもしれない。

ノイマン邸によく出入りしていた助手のウラムによれば、クララは「非常に知的で神経質な女性」だった。彼女が繊細で傷つきやすいのに対して、ノイマンには「主観的感情に対する配慮が欠如」していた。彼が「女性から情緒の発育が不十分だと思われるのも当然だ」と、ウラムは後に述べている。ノイマンは、前妻からも「鈍感」だと非難されていた。

プリンストンに落ちついたノイマンは、延期されていた士官採用の最終試験でも満点を取って合格し、「そのうち将軍になるかもしれない！」とクララに冗談を言った。

ところが、すでに述べたように、陸軍士官任用には三五歳未満という年齢制限があって、ノイマンは、前年の一九三八年一二月の誕生日に三五歳に達していたため、彼の申請は却下されてしまったのである。

もし最終試験が予定通り前年の夏に実施されていたら、ノイマンはアメリカ参戦の際に陸軍士官としてヨーロッパの任地に赴いていたはずである。そうなれば、原爆は広島と長崎ではなく、東京に落とされていた可能性が高い。それればかりではなく、コンピュータやスマートフォンや天気予報も、現在のような形では存在しなかったかもしれないのである！

後の一九七六年にプリンストン高等研究所の第五代所長となった科学史学者ハリー・ウ

ルフは、設立当時の高等研究所が「世界を覆いつくそうとする暗闇の中の灯台」だったと述べている。

高等研究所の数学者オズワルド・ヴェブレンは、ロックフェラー財団の「ドイツから追放された学者を救うための緊急委員会」委員長を兼務し、多くの亡命者に対して、生活費を援助し、短期滞在の研究員のポストを提供した。

ノイマン家のパーティは、ヨーロッパを脱出した研究者と、アメリカの大学や研究機関の雇用者が出会うための貴重な社交場となった。そこで活かされたのが、「街で一番おもしろい人たち」の中で育ったクララの経験である。

クララは、後に語り草となったノイマン邸のパーティを主催した。彼女がゲストにふるまうカクテルは、甘いのに恐ろしく強く、そのおかげで一気に場が寛《くつろ》いだという。

ノイマンは「雑音の中でなければ仕事ができなかった」と、クララが証言している。

「彼の最高の研究成果は、混雑した駅や空港、列車や飛行機や船の中、ホテルのロビー、賑やかなカクテル・パーティ会場、子どもたちがはしゃぎ回っているリビングの中で生み出されました」

ノイマン・ウィグナー理論

フォン・ノイマンが一九三二年に発表したドイツ語版『量子力学の数学的基礎』によって、量子力学は「完成した」とみなされた。量子論の創始者ニールス・ボーアをはじめとする「コペンハーゲン学派」の物理学者が、ノイマンの定式化を歓迎したことは、すでに述べたとおりである。

量子論は、ミクロの世界では、いわゆる「客観的実在」の概念が成立しないことを示している。たとえば、水素の原子核の周りには一個の電子が存在するが、その電子の位置と運動量は、同時には確定できない。その事実を明らかにしたのが、一九二七年にライプツィヒ大学の物理学者ヴェルナー・ハイゼンベルクが導いた「不確定性原理」である。

水素の電子といえば、地球の周回軌道上に月があるように、原子核の一定の周回軌道上に存在するように思われがちだが、そうではない。量子論においては、水素の一個の電子は原子核の周囲の至る所に「不確定」つまり「確率的」に存在し、波のように空間を満たしているとみなされる。

この「粒子」でも「波」でもある状態は「共存」と呼ばれる。ところが、いったん電子の位置が「観測」されると、その瞬間に電子は「波」から「粒子」に「収束」するのである。

ノイマンの公理系においては、何らかの物理量が「観測」されると、その物理量に対応するヒルベルト空間上の自己共役作用素の固有値が導かれ、系の状態はその固有値に対応する固有状態に「収束」する。つまり、「観測」から「収束」に至る経緯は、系の内部で数学的に厳密に定式化されている。

しかし、その「観測」とは、何を意味するのだろうか。その解釈に疑問を投げかけたのが、一九三五年にオックスフォード大学の物理学者エルヴィン・シュレーディンガーが発表した論文「量子力学の現状について」である。彼は、この論文で「シュレーディンガーの猫」と呼ばれる思考実験を提示した。それは、次のようなイメージである。

閉鎖された鉄の箱の中に、猫が入っているとする。箱の中には、毒ガス発生装置があって、放射性物質に繋がっている。この放射性物質の原子核崩壊が起こる確率は、一時間後に五〇パーセントである。そして、その物質が原子核崩壊を起こせば、毒ガスが発生する仕組みになっている。

ここで重要なのは、原子核崩壊はミクロの世界の話だが、この思考実験では、それがマクロの世界の生きた猫に直結しているという点である。つまり、量子論的には、箱の中にいる猫は「生きている状態」と「死んでいる状態」が同時に絡み合って「共存」している奇妙な状態だということになる。

一時間後、この箱をシュレーディンガーが開けて「観測」したとする。その瞬間、「原子核崩壊が起きて猫が死んでいる状態」か「原子核崩壊が起きずに猫が生きている状態」

のどちらかに確定するというのが、当時の量子論を代表するコペンハーゲン学派の解釈である。

しかし、なぜ一方の状態だけが観測されて、もう一方の状態は観測されないのだろうか。これでは、まるで自然界が、サイコロを振って猫の生死を決めているかのように映る。だからアルベルト・アインシュタインは、「神はサイコロを振らない」と宣言して、量子論を批判したわけである。

さて、猫の箱を開けたシュレーディンガーは、研究室の中に居るから、この研究室全体を量子論的状態とみなすこともできる。したがって、たとえば彼の友人ユージン・ウィグナーが研究室のドアを開けて観測した瞬間に、研究室の量子論的状態は「収束」することになる。

ところが、その研究室のある研究所全体を量子論的状態とみなせば、そこにウィグナーの別の友人が入った瞬間に、研究所の量子論的状態は「収束」することになる。この「入れ子構造」は、永遠に続くことがわかるだろう。

ノイマンは、この量子論的状態の無限連鎖を「ウィグナーの友人のパラドックス」と呼んだ。このパラドックスは、論理的に、量子力学体系の内部では解決不可能である。あくまで「観測」とは何かを、閉じた体系の外部にある何らかの新たな概念で定義しなければならない。そこでノイマンとウィグナーは、「人間の意識が量子論的状態を収束させる」という「ノイマン・ウィグナー理論」を提起したのである。

この理論によれば、最初に箱を開けたシュレーディンガーが猫の生死を「意識」した瞬間に、量子論的状態は収束し、無限連鎖のパラドックスは消滅する。とはいえ、当然のことながら、その「意識」とは何かという新たな疑問が生じる。

ノイマンは、それ以上は、量子論の解釈論争に深入りしなかった。そもそも「観測」を「意識」で定義するという理論についても、彼はウィグナーと共にセミナーの際に口頭で述べただけで、論文では一度も正式に触れていない。

この事例にも表れているように、ノイマンは、物理現象の解釈問題や、哲学的信念を伴うような論争には、基本的に立ち入らなかった。後に詳細を述べるが、彼は徹底した「経験主義者」であり、観念論争を嫌っていたのである。

ノイマンは、感情的な人間とも議論しなかったが、それは言い争っても時間の無駄と考えていたからだろう。彼は、パーティでもゲストが議論を始めそうになると、すぐにジョークで巧みに話題を逸らすというホスト役を務めていた。

第５章　第二次大戦と原子爆弾

ノイマンのロスアラモス国立研究所「身分証明書」写真（1943年）

どうして自分には、彼にできたことが見通せなかったのか！
ルイス・ストロース

我々が今生きている世界に責任を持つ必要はない！
ジョン・フォン・ノイマン

我々が今作っているのは怪物で、それは歴史を変える力を持っている！
ジョン・フォン・ノイマン

ボーアとマイトナー

一九三八年九月、ブダペストでクララと結婚する準備を進めていたノイマンは、プリンストン高等研究所の所長エイブラハム・フレクスナーから指令を受けて、コペンハーゲンに向かった。その目的は、アインシュタインと双璧をなす世界的物理学者ニールス・ボーアを高等研究所に招聘することにあった。

ボーアの母親はユダヤ人であり、ナチス・ドイツの迫害がデンマークに及ぶのも時間の問題だった。ボーアは、量子論を「完成」させたノイマンを歓待して自宅に滞在させ、翌年の春学期にプリンストンを訪れることを約束した。

一九三八年から三九年にかけて、プリンストン高等研究所に短期滞在した研究員の国籍は、一八ヵ国に達している。研究員の人数が予算に比べて膨れ上がったため、彼らの年俸は六〇〇ドルにも満たなかった。ただし、ボーアに対しては、半期で六〇〇〇ドルという特別予算が組まれた。

一九三九年一月七日、ボーアは、コペンハーゲンからアメリカ行きの汽船ドロットニングホルム号に乗り込んだ。彼は、その前日の夕方、ノーベル研究所の物理学者リーゼ・マイトナーから、重要なメモを受け取っていた。

マイトナーは、一八七八年、ウィーンのユダヤ人弁護士の家庭に生まれた。男子三人と女子五人の大家族の三女である。幼少期から自然科学に興味を持っていたが、当時のギムナジウムは女性の入学を認めなかった。

彼女は、高等小学校を卒業後、フランス語を学んで家庭教師になった。しかし、学問への夢を捨てきれず、一八九七年に「大学入学資格」が女性に開放されると、ギムナジウム八年分の教科を猛勉強して二年間で追いつき、合格した。

一九〇一年、晴れてウィーン大学に入学し、一九〇六年、女性としては四人目となる同大学博士号を取得した。その後、彼女は、ベルリンのカイザー・ヴィルヘルム研究所で、化学者オットー・ハーンと原子核物理に関する共同研究を始めた。

当時のベルリンはウィーン以上に閉鎖的で、女性は大学に入学さえできなかった。彼女は、正面から研究所に入らない約束で、地下に設置された実験室で研究した。向学心を抑えきれずに、大学の階段教室でベンチの下に身体を潜めて講義を聴講することもあったという。研究所の建物には女子トイレがなかったため、付近のレストランのトイレを借りた。

共同研究は、ハーンが化学実験、マイトナーが物理理論という役割分担で順調に進み、一九一八年には、原子番号九一の元素「プロトアクチニウム」を発見した。彼らの共著論文は三〇を超えたが、お互いに相手を完全な仕事仲間とみなし、二人きりで食事をしたことさえ一度もなかったという。

マイトナーは、大学時代には男子学生が競って隣に座ろうとしたほど魅力的な女性だったが、生涯独身の学究者だった。後に、その理由を聞かれた彼女は、「それはねえ、あなた。私には、そんな暇がなかったのよ」と真面目に答えている。

当時、ベルリン大学教授だったアインシュタインは、マイトナーのことを高く評価して「我々のキュリー夫人」と呼んでいた。彼女は、何度かノーベル賞候補にもなった。

一九三八年三月、ドイツがオーストリアを併合すると、事態は急展開する。秘密警察ゲシュタポ長官のハインリヒ・ヒムラーが、六月に突然、科学者の国外渡航を全面禁止にしたのである。オーストリア国籍のマイトナーは、ドイツのパスポートへの更新申請が拒否され、ベルリンに閉じ込められた。

それを知ったボーアは、ノーベル研究所で彼女がポストに就けるように支援した。六〇歳を目前にした小柄なマイトナーは、一週間の休暇という口実でスーツケース一個の軽装のまま、七月一三日、ドイツ脱出のため列車に乗った。

オランダ国境手前の駅で、ナチス・ドイツの国境守備隊兵が五人乗り込んできて、臨検を始めた。マイトナーが持っているのは、三月に期限の切れたオーストリアのパスポートである。彼女は「恐怖のあまり心臓が止まりそうだった」が、パスポートを見た兵隊は、なぜか黙って返してくれた。

奇跡的にストックホルムに到着できたマイトナーは、ハーンから新たな実験報告を受け取った。そこには、天然ウランに中性子を照射したところ、生成物にバリウムがあったので、その理由を物理的に解析してほしいと書いてあった。

原子番号九二のウランから原子番号五六のバリウムが生成されるという「途方もないこと」は、信じ難かった。しかし、「私たちは、これまで原子核物理の世界で、多くの驚くべき事実に遭遇してきました。『そんなことは不可能だ』とは、決めつけられませんね」と、マイトナーは返信した。

彼女は、クリスマス休暇で訪ねてきた甥の物理学者オットー・フリッシュと、この問題を考え続けた。そして、原子核を水滴のイメージで記述するボーアの「液滴モデル」を用いれば、その現象を物理的に説明できることに気付いた。

水滴は、表面張力で形状を維持しているが、そこに力を加えると分離する。原子核も電荷が抵抗力になっているが、そこに中性子が衝突すると、水滴と同じように、原子核が二つに分離するのではないか。そのイメージは、細胞が増殖する際の「細胞分裂（cell fission）」に似ている。彼らは、これを「核分裂（nuclear fission）」と名付けた。

この現象を詳しく計算してみると、ウランの原子核が分裂する際に、陽子質量の五分の一が消滅することがわかった。その質量は、アインシュタインの相対性理論から「$E=mc^2$」で導かれる二億電子ボルトの爆発的なエネルギーに変換される。彼女は、この大発見のメモをボーアに届けたのである。

フェルミとシラード

自然界に存在する元素に中性子を照射して、さまざまな「人工放射性同位元素」を生成することに最初に成功したのは、ローマ大学の物理学者エンリコ・フェルミである。彼は、まさにその業績によって、一九三八年のノーベル物理学賞を受賞したばかりだった。

イタリアでは、一九二二年にベニート・ムッソリーニがクーデターにより独裁政権を樹立している。ノイマンと同じようにジョークが大好きなフェルミは、ムッソリーニのことを「ファシズムのピエロ」と茶化していた。

ところが、一九三七年に「日独伊防共協定」が締結され、ムッソリーニがヒトラーに倣って、「イタリア人はアーリア人種である」とユダヤ人排斥運動を始めてからは、笑っていられなくなった。フェルミの妻が、ユダヤ人だからである。

ノーベル賞の授賞式は、毎年、アルフレッド・ノーベルの命日にあたる一二月一〇日、ストックホルム・コンサートホールで開催される。フェルミは、この授賞式への出席を名目に、妻子を連れてイタリアを出国し、公式行事が終わると、そのままアメリカ行きの汽船フランコニア号に乗り込んだ。

一九三九年一月二日、フェルミはニューヨークに到着した。彼は、実に要領よく、すでにコロンビア大学教授に就任する交渉を終えていた。続いて一六日、ボーアが到着した。迎えに行ったフェルミは、ボーアをコロンビア大学の側にあるキングス・クラウン・ホテルに案内した。

このホテルに滞在していたのが、レオ・シラードである。シラードは、すでに述べたように、ブダペスト生まれの天才の一人で、ベルリン大学のマックス・フォン・ラウエの下で博士号を取得した。そのままベルリン大学私講師となったが、一九三三年のユダヤ人公職追放のためイギリスに渡り、オックスフォード大学で原子核物理の研究を行った。

しかし、イギリスもドイツに占領されるに違いないと恐怖に駆られて、アメリカに避難してきたのである。彼は、オックスフォード大学に退職届を送付し、アメリカで再就職しようとしていたが、簡単には専任職を得ることができなかった。

それは、主としてシラードの「自己中心的で厚かましい」性格が問題視されたからだといわれている。後に「マンハッタン計画」の指揮官として科学者集団を率いたレズリー・グローヴス准将は、シラードのことを「どんな雇用者でも、厄介者としてクビにするに違いない男」と評している。

ノイマンは、自嘲的に「人の後から回転ドアに入ってきて、人より先に出てくるのがハンガリー人だ」というジョークを作ったが、まさにシラードがそういう人物だった。ただし、彼の発想が天才的であることも認めざるをえない。そこで生まれたのが、「シラードは冷蔵庫に閉じ込めておいて、アイディアが必要な時だけ出せばよい」というジョークである。

核分裂連鎖反応

一九三九年一月一七日、プリンストン高等研究所に到着したボーアとフェルミは、ウランの「核分裂」に関するマイトナーのメモの内容を発表した。シラードによれば、研究所は「蜂の巣を突ついたような大騒ぎ」になった。

ノイマンは、フェルミと会った瞬間から意気投合し、その後、親友となった。夫人のローラ・フェルミは、「フォン・ノイマン博士は、誰からも批判めいたことを言われない珍しい方でした！　一見すると普通の人の中に、あれほどの知性と冷静さが共存できることが、信じられません」と述べている。周囲が大騒ぎになっても、ノイマンは冷静だった。

一月二九日、コロンビア大学に戻ったフェルミは、検証実験を開始した。その結果、ウラン235に低速中性子を照射すると、原子核が分裂するばかりではなく、中性子も放出されることがわかった。

これらが次々と新たに生じた原子核に衝突すれば、核分裂反応が指数関数的に増加する「連鎖反応」が生じる。この反応は光速に近い速度で生じるため、短時間に莫大なエネルギーが一挙に放出されて、大爆発が起こることになる。

フェルミは、コロンビア大学研究棟一三階の物理学研究室の窓際に立って、多くの学生や車の行き交う道路を見下ろしながら、ボールを持つように両手を丸めて、「この程度の小さな爆弾で、すべてが消え去ってしまうだろう」と言った。それは、いつもとはまったく違う暗い口調だったという。

シラードは、一月二五日に書いた手紙の中で、おそらく史上最初に「原子爆弾」という言葉を用いている。彼は、すでに一九三四年の段階で、原子核のエネルギーを解放できれば莫大なエネルギーを得られることに気付いていた。

四月二九日、ワシントンD.C.で、アメリカ物理学会が開催された。総会では、急遽、特別に「核分裂」を主題とする公開討論会が開催されることになった。そこで、ボーアは、純粋なウラン235に「連鎖反応」を起こさせることができれば、「地球のかなりの部分」を一瞬で破壊する「原子爆弾」を生成できるかもしれないと述べた。

しかし、この時点で、多くの物理学者は、その実現の可能性には懐疑的だった。そもそも天然ウランの約九九・三パーセントを占めるのはウラン238であり、その同位体ウラン235は約〇・七パーセントしか存在しない。ウラン鉱から純粋なウラン235を大量に抽出すること自体、非常に困難であり、仮にできたとしても、莫大なコストが掛かる。議論は紛糾し、終了時には「多くの学者が癇癪《かんしゃく》を起して、頭に血が上っていた」と『ニューヨーク・タイムズ』紙は伝えた。

この学会が開始される前、シラードは、「連鎖反応」と「原子爆弾」に関する情報はナチス・ドイツに秘密にすべきであり、公開すべきではないと言い張った。しかし、ボーアとフェルミは、科学的事実は世界の科学者で共有すべきだと主張し、彼らの知る限りの情報をすべて公表したのである。

その後、不気味なニュースが流れてきた。ナチス・ドイツが、併合したチェコスロバキアから産出されるウラン鉱の輸出を全面禁止にしたというのである。新聞には、「ドイツが原子爆弾を製造か！」という見出しが躍った。

ノイマンの家族

一九三九年八月、フォン・ノイマンの妻クララは、夫が止めるのも聞かずに、ヨーロッパに向かった。危機の迫ったブダペストから、自分の両親とノイマンの母親を連れ出すためである。八月一〇日付でノイマンがクララに送った手紙には、「九月になる前にヨーロッパを離れるように！　これは本気で言っていることだよ！」と、心配する様子が表れている。

クララと一緒に脱出した両親一行は、運よく無事にニューヨークに到着できた。その直後の九月一日、ナチス・ドイツがポーランド侵攻を開始した。その二日後には、イギリスとフランスがドイツに宣戦布告した。

せっかく安全なアメリカに避難できたにもかかわらず、クララの父親チャールズ・ダンは、生活に馴染めなかった。大学街のプリンストンには、王宮もオペラハウスもなく、ヨーロッパ風のカフェもカジノもない。実業家兼投資家として、派手で贅沢な生活を送ってきた彼の落胆ぶりは激しく、一二月一八日、列車に身を投げて自殺した。享年六一歳である。

クララの母親カミラは、「どうしてもブダペストに戻りたい」と駄々をこねて、夫の葬儀を終えると無理やり帰ってしまった。ユダヤ人のカミラは、もし秘密警察ゲシュタポに捕まれば、即座に強制収容所に送られる。ノイマン夫妻は、戦争中、気が気でなかったが、彼女は無事だった。一九四四年、激烈な市街戦で知られるソ連のブダペスト包囲戦でも、なぜか平気で家の中にいて生き延びている。終戦後は、イギリスでクララの姉と共に暮らし、九五歳で生涯を終えた。

ノイマンの母親マーガレットは、ニューヨークに移住した三男のニコラスと共に暮らすことになった。その後、仕事で出掛けることの多くなるノイマン夫妻が不在の折には、プリンストンの邸宅で、ノイマンの娘マリーナの面倒を見た。

マリーナは、祖母マーガレットのことを「グラニー・ギッタ」と、ハンガリー語の愛称で呼んで慕った。「内面は神経質でも、外見的には静かで優しく、一度も大声を出すのを見たことがないエレガントな女性」だったという。

すでに述べたように、マリーナは、一二歳までは実母、一二歳以降は実父と暮らす約束になっていた。彼女は、実父母と二人の新たな伴侶という「特異な個性の四人の大人をいつも相手にしなければならない」状況の中で育ったわけである。後に、「私は、両親が、お互いのパートナーと怒鳴り合ってばかりいる喧騒の中で育ちました」とも語っている。

ノイマンの最初の妻マリエットは、彼女を崇拝するデズモンドと再婚した。ただし、そこで始まったのは、二人きりの結婚生活ではなく、幼少期から頭脳明晰で、大人びた口調で話す天才の娘マリーナと一緒の生活である。むしろ、そのことが原因で「喧騒」が生じたのかもしれない。

一方、ノイマンが再婚したクララは、ノイマン家のパーティのホステス役を立派にこなしていたにもかかわらず、内心に深いコンプレックスを抱えていた。ノイマン邸を訪れるのは、世界的に著名な学者をはじめ、大学の教授や、博士課程の優秀な大学院生ばかりである。クララは、大学に進学しなかった自分が天才ノイマンの妻であることに、大きな引け目を感じていたのである。

マリーナによれば、クララは、自分のことを「すごく背の高い草に貼り付いた虫」にすぎないと卑下していた。そのことが原因で、夫婦喧嘩になることも多かったという。

プリンストン高等研究所における反乱

一九三九年九月には、プリンストン高等研究所で「反乱」が起きた。教授陣の要求により、この「研究者の楽園」の生みの親であるエイブラハム・フレクスナーが、所長を退任したのである。後任には、スワースモア大学の学長だった教育学者フランク・エイデロッテが就任した。

実は、高等研究所設置当時から、フレクスナーと教授陣の間には軋轢《あつれき》があった。先頭に立って彼の解任を求めた首謀者は、普段は温厚なアルベルト・アインシュタイン教授だった。

アインシュタインがプリンストンに到着して間もない頃、フランクリン・ルーズベルト大統領の秘書官が研究所に電話をかけて、彼を大統領の晩餐会に招待したことがある。電話に出たアインシュタインの秘書は、ありがたく承諾した。

ところが、この話を聞いたフレクスナーは激怒し、ホワイトハウスに直接電話をかけて、招待を断ったのである。その理由は、「アインシュタイン教授は、世俗から離れて科学的研究に没頭するために研究所に来ておられます。例外を認めると、世間に知れて収拾がつかなくなりますから、一度たりとも例外を許すわけにはいきません」というものだった。

さらに、フレクスナーは、今後アインシュタインの外部予定は、すべて自分を通して決めるようにと、彼の秘書に厳命した。アインシュタインは、慌ててフレクスナーをとりなし、どうにか大統領の晩餐会には出席することができた。

しかし、その後もフレクスナーの干渉は続いた。ついに、さすがのアインシュタインも、我慢できなくなったわけである。後に、彼が高等研究所理事長のルイス・バンバーガーに出した手紙では、「フレクスナー氏は、私と妻の私事に至るまで、不愉快で失礼極まりない介入をしてきます。……私宛の大事な手紙や電報を勝手に開封し、ロンドンでの講演も止めさせようとするのです」と直訴している。彼は、友人宛の手紙に「プリンストン強制収容所より」と書くようになった。

この「反乱」の経緯を改めて振り返ると、フレクスナーが、彼の理想とする「楽園」を強引に追求しすぎたことがわかる。彼が所長を務めた六年間、高等研究所には「教授会」が存在しなかった。なぜなら、人事や広報や会計のような雑事から天才たちを守り、研究に専念させるためである。

それこそが「楽園」ではないかと思われるかもしれないが、その結果、研究所の管理業務は、すべてフレクスナー所長が裁定を下すことになった。つまり、結果的に、彼は一種の「独裁者」になってしまったのである。

一九三四年、その前年にノーベル物理学賞を受賞したばかりのエルヴィン・シュレーディンガーがプリンストン大学に客員教授として招聘された際、アインシュタインをはじめとする高等研究所の教授陣は、彼を高等研究所の終身教授に任命してほしいという「嘆願書」を提出した。

シュレーディンガーは、この話を伝えられていたので、プリンストン大学から専任教授の話を持ちかけられた際、高等研究所の方に行くことになりそうだからと断っている。

ところが、フレクスナーは、何度アインシュタインらが頼んでも、断固として彼の採用に応じなかった。その理由は、シュレーディンガーが、妻と愛人と、愛人の産んだ子どもと一緒に暮らすと公言していたことにあったらしい。実際に、シュレーディンガーは一夫多妻制の信奉者であり、奔放な私生活で知られ、生涯に婚外子を三人もうけている。

その一方で、フレクスナーは、高等研究所の研究領域を広げるという理由で、彼の気に入った経済学者と政治学者を、教授陣に無断で終身教授に任命した。しかし、その二人の業績は、どう見てもシュレーディンガーの足元にも及ばない。プライベートな生活などよりも、研究業績を重視して採用すべきだと考えていた教授陣は、怒り心頭に発した。

教授陣の中で、唯一この「反乱」に参加せず、中立姿勢を守り続けたのが、ノイマンだった。彼は、最年少の自分を高等研究所の終身教授に任命して、危機の迫るヨーロッパか

プリンストン高等研究所

ら救ってくれたフレクスナーに、深い恩義を感じていた。

クララによれば、フレクスナーのノイマンに対する態度には、二面性があった。「叔父さんが、お気に入りの甥に接する態度」と「サーカスの猛獣使いが、自分の仕込んだ猛獣が見事な芸を披露するのを自慢げに見ている態度」である。

所長が交代したのと同時に、高等研究所は、プリンストン大学の間借りから独立して、バンバーガーの共同経営者だった彼の義弟の名字を付けた新築の「ファルド・ホール」に移転した。赤レンガの五階建ての瀟洒《しょうしゃ》な建物で、今も「研究所の森」と呼ばれる豊かな森林の中央にある。

一階の一一五研究室にアインシュタイン、一二〇研究室にノイマン、一二四研究室にオズワルド・ヴェブレンが入った。二階と三階には、研究室の他に図書室や会議室があり、四階にカフェテリア、五階に役員室がある。バルコニーとテラスからは、すばらしい自然の景観を眺めることができる。

ノイマンは、静粛を好むアインシュタインの真向かいの研究室でレコードをかけて、大音響のジャズを響かせながら仕事をするのが常だったため、顰蹙《ひんしゅく》を買ったという。

アインシュタインの手紙

一九三九年九月には、科学界でも重要な動きがあった。『フィジカル・レビュー』誌九月号に、ニールス・ボーアとプリンストン大学の物理学者ジョン・ホイーラーの共著論文「核分裂のメカニズム」が掲載されたのである。この長編論文には、「科学的事実は世界の科学者で共有すべきだ」というボーアの理念に基づき、リーゼ・マイトナーの発見した「核分裂」以降に発見された理論や情報が、すべて記載されていた。

この論文を入手したドイツ陸軍省は、九月一六日、「核分裂」実験を最初に成功させたカイザー・ウィルヘルム研究所のオットー・ハーンに、分析を急がせた。

一〇月五日には、ドイツ陸軍省がカイザー・ウィルヘルム研究所を吸収して、ライプツィヒ大学のヴェルナー・ハイゼンベルクを中心に「原子爆弾開発計画」を推進することに決まった。つまり、ドイツでは、早い時期から軍部が中心となって、科学者に原爆開発を命じていたわけである。

この動きを察知して、「アメリカがドイツよりも先に原爆を開発しなければ、世界は滅亡する」と大騒ぎしたのが、レオ・シラードである。彼は、プリンストン大学のユージン・ウィグナー、ジョージ・ワシントン大学のエドワード・テラーと相談を重ね、原爆開発を合衆国政府機関に働きかけた。

この三人のブダペスト出身の物理学者は、「ハンガリー陰謀団」と呼ばれた。ただし、同じくブダペスト出身のノイマンだけは、この陰謀団に加担していない。ノイマンは、陸軍士官を志願したように「正攻法」で突き進む人物である。背後から迫る「陰謀」は、好まなかったに違いない。

ハンガリー陰謀団は、何度もアインシュタインに会いに行って、彼を担ぎ出すことに成功した。シラードが下書きを作成し、推敲を重ねて出来上がったのが、ルーズベルト大統領に宛てた有名な「アインシュタインの手紙」である。

この手紙は、「大量のウランによる核連鎖反応」によって「ラジウムに類似した新元素が生成されること」が「ほぼ確実」であると断定し、「極めて強力な新型爆弾の製造に繋がる可能性」に危機感を表明している。要するに、アメリカがドイツよりも先に原爆を開発すべきであることを、アインシュタインの署名で合衆国大統領に直訴しているわけである。

　この手紙は、紆余曲折を経て一〇月一一日にホワイトハウスに届けられ、ルーズベルト大統領の指示により、二一日、最初の「ウラン諮問委員会」が開かれた。ハンガリー陰謀団の三人の物理学者が、六人の陸海軍の関係者に状況を説明した。軍の関係者は半信半疑だったが、「徹底的な調査研究のための十分な支援」が必要であることは認めた。ただし当初の研究予算は、六〇〇〇ドルにすぎなかった。

モード委員会

　一九四〇年四月、ナチス・ドイツは、デンマークに侵攻した。その前年、プリンストン高等研究所の教授陣は、短期滞在研究を終えて帰国しようとするボーアを何度も引き留めた。しかし、デンマーク王立科学院院長に選出されたボーアは、祖国への愛国心から、帰国したのである。彼は、核分裂関連の書類をすべて焼却し、量子論の理論家として振る舞った。

　この頃、イギリスのバーミンガム大学に移って研究していた物理学者オットー・フリッシュは、ノーベル研究所にいる叔母のマイトナーから、電報を受け取った。

「ニールスとマルガレーテに会いました。二人とも元気ですが、本国の情勢に心を痛めているようです。コッククロフトとモード・レイ・ケントによろしく」

「ニールスとマルガレーテ」はボーア夫妻、「コッククロフト」は物理学者ジョン・コッククロフトのことである。しかし、「モード・レイ・ケント」という人物には、まったく心当たりがない。なぜ叔母は、この電報を打ったのだろうか？

フリッシュは、これが文字の綴り方を変える「アナグラム」ではないかと考えた。「モード・レイ・ケント (Maud Ray Kent)」の文字の順序を変えて「y」の一文字を「i」に変えると、「ラジウムが抽出された (Radium taken)」になる。つまり、ドイツが、ウランの核分裂に成功したという暗号ではないか！

フリッシュから報告を受けたイギリス王立協会は、原爆開発を目的とする委員会を構成し、これを「モード委員会 (MAUD Committee)」と命名した。この委員会の名称は、正式には「ウラン爆発の軍事的応用 (MAUD: Military Application of Uranium Detonation)」の略語ということになっている。

ナチス・ドイツの侵攻は続いた。一九四〇年五月一五日にオランダ、二八日にはベルギーが降伏し、六月二二日にはフランスが屈辱的な休戦協定に調印した。七月からは、イギリス空軍とドイツ空軍の間で「史上最大の航空戦」と呼ばれる「英国空中戦」が繰り広げられた。イギリスは、ドイツ軍の上陸作戦を瀬戸際で食い止めたが、ロンドン空襲は、その後も続いた。

一二月、オックスフォード大学の物理学者フランツ・シモンは、「分離工場の規模見積書」をモード委員会に提出した。彼は、天然ウランからウラン235を一日に一キログラム分離するための具体的な工場設置プランを作成し、そのための予算を五〇〇万ポンドと見積もった。

しかし、仮にこの見積書通りにウラン235を大量に抽出できたとしても、そこから原子爆弾を製造するまでには、長い道程がある。首相の科学顧問でもあるオックスフォード大学の物理学者フレデリック・リンデマンは、「二年以内に原爆製造に成功する見込みは一〇分の一」と結論付けた。

当時のイギリスには、とても「一〇分の一」に賭ける余裕はない。ウィンストン・チャーチル首相は、モード委員会の全情報を、ルーズベルト大統領に譲渡するよう指示した。

アメリカが短期間に原爆製造工場を建設できたのは、この情報のおかげである。後に詳細を述べるが、この譲渡と引き替えに、チャーチルは原爆使用に意見できるようになった。

陸軍兵器局弾道学研究所諮問委員

一九四〇年九月、ノイマンは、陸軍兵器局弾道学研究所の諮問委員に就任した。すでに述べたように、年齢制限で士官採用されなかったとはいえ、試験成績は最優秀だったため、厚遇されたのである。陸軍の招聘状には、「委員会には愛国心でご参加いただきたい。ただし委員会出席者には、日当一五ドルと鉄道無料パスを支給する」と記載されている。

ノイマンは、プリンストンから列車で三時間のメリーランド州「アバディーン性能試験場」に通うようになった。この性能試験場は、合衆国が第一次大戦に参戦した一九一七年に設置され、現在も陸軍の重要実験施設として機能している。

「弾道学」とは、大砲から砲弾が発射されて着弾するまでの状態を研究する軍事学の一分野である。どのような形状の砲弾を用いて、どの程度の量の発射薬で、仰角を何度に設定して発射するかによって、砲弾がどのように飛翔し、どこに落下するかが決まる。大砲の設置された地面の強度や、コリオリ力や重力などの影響でも、着弾点は大きく変化する。

当時は、大砲から一発の砲弾を発射するために、三〇〇〇の弾道候補が生じ、そこから最適な弾道を決定するためには七五〇回以上の微分計算が必要とされた。陸軍では、アナログの「微分解析機」が使用されていたが、それでも一発の弾道を計算するために丸一日が費やされていた。そこでノイマンが陸軍を説得して開発を急がせたのが、後に詳細を述べる「コンピュータ」だったわけである。

ノイマンが九月に弾道学研究所に提出した機密論文「逐次差分の発生確率誤差の評価」では、標的に弾丸を当て損なった場合、次にどのような狙いをつければよいか確率計算する方法を示している。さらに、翌年七月に提出した機密論文「不完全な位置の標的を狙う最適解」では、動く標的に対する最適解の確率計算を提示している。

現在の戦闘機から発射されるミサイルは、地上で動く人間を狙えるほど精度が高いが、その方法もコンピュータ自動制御理論も、ノイマンの導いた原理に基づいているのである。

ノイマンは、砲弾の流体力学のような複雑な問題を単純な要素に分解して、それらを新たに定式化することができた。

海軍のルイス・ストロース准将は、「そこからは、すべてが実にすばらしく単純に見えるようになった。どうして自分には、彼にできたことが見通せなかったのか！　我々は皆、とても不思議に思ったものだ」と述べている。

アメリカ合衆国参戦

一九三三年、アメリカ合衆国第三二代大統領に就任した民主党のフランクリン・ルーズベルトは、選挙中から「決して戦争はしない」という公約を掲げていた。

しかし、一九三七年の「盧溝橋事件」に始まる「日中戦争」では徹底的に日本に抗議し、中華民国に武器支援を行った。一九三九年七月には、「日米通商航海条約」の廃棄を通告し、アメリカは日本と無条約となった。九月にドイツとイギリスが戦闘状態に入ると、イギリスにも武器支援を行った。それでも、対外的には他国との相互不干渉を主張する「モンロー主義」を掲げ、議会と国民も反戦意識が強かった。

一九四一年九月、フォン・ノイマンは、陸軍兵器局弾道学研究所の諮問委員に加えて、発足したばかりの「国防研究委員会」の委員となった。「戦争のメカニズムおよび兵器の開発・生産・使用の根本的問題に関する科学的研究を調整・監督・実施する」ことを目的とする大統領諮問委員会である。実際には合衆国も、参戦の準備をしていたのである。

この年の一二月七日(日本時間八日)、日本軍が真珠湾を奇襲攻撃した。その翌日の午後、ルーズベルトは、合衆国の国民に向けてラジオで演説した。大統領は、日本の「卑劣な騙し討ち」によって「合衆国にとっての屈辱の日」が到来したと語り、日本に対する即刻の宣戦布告を議会に要求した。

彼の演説は、「日本の侵略行為を克服するために、どれだけ時間を費やしたとしても、合衆国の国民は正義に基づき、完全な勝利を摑む」という決意を表明している。この演説の聴衆は六〇〇〇万人に達し、「史上最も多く聴かれた」ラジオ演説といわれている。日本に対する宣戦布告の議案は、上院が全会一致、下院が反対一票だけで可決された。

真珠湾攻撃のニュースを聞いたイギリスのウィンストン・チャーチル首相は、これで合衆国が参戦してくれると欣喜雀躍した。イギリスは、ロンドンが何度もドイツ空軍の大編隊の空襲を受け、海上ではドイツ海軍の潜水艦Uボートに苦しめられ、ドイツ陸軍による本土上陸の瀬戸際まで追い詰められていたからである。

当時は、フランスに続いてイギリスがドイツに占領されると予測する知識人も多かった。物理学者レオ・シラードが、その恐怖からオックスフォード大学の専任職を捨ててアメリカに逃げ出したことは、すでに述べたとおりである。

チャーチルは、一九五三年のノーベル文学賞受賞作となった著書『第二次世界大戦』の「一二月七日」の項目に、次のように記している。

「アメリカ合衆国が我々の味方についたことは私にとって最大の喜びだった……アメリカがこの戦争に深く関わり最後まで関与し続けることを、私は確信した。ゆえに、結局のところ我々はすでに勝っていたのである！　……ヒトラーの運命は定まった。ムッソリーニの運命も定まった。日本人はどうかと言えば、彼らは粉々に打ち砕かれる運命だった」

オートメタとブラックホール

開戦後、プリンストン高等研究所は、合衆国の「国家非常事態管理局」に全面協力することになった。ノイマンは、戦争省から「科学研究開発庁」の公式調査官に任命され、爆発研究の科学技術面の最高責任者となった。これによって、ノイマンは、陸軍・ホワイトハウス・戦争省に直結する三つの機関の重要関係者となったわけである。

ノイマンが超人的なのは、このような状況でも専門研究を続けていたことだった。彼は、一九四一年、「オートメタの一般的かつ論理的理論」という画期的な論文を発表している。

「オートメタ」とは欧米では一般に「自動人形」を指す言葉だが、ノイマンは「自動機械」という意味で用いている。この論文で、彼は、形式論理と自己言及系によって「自己増殖する自動機械」という新たな概念を定式化した。

この年の九月、ノイマンは、シカゴ大学附属ヤーキス天文台の研究員になっていた天体物理学者スブラマニアン・チャンドラセカールを高等研究所に招聘している。

チャンドラセカールは、イギリス領インド生まれの天才で、ケンブリッジ大学大学院でアーサー・エディントンに師事した。エディントンといえば、アルベルト・アインシュタインの一般相対性理論の予測を日食観測で立証したことで知られる世界的な天文学者である。

大学院に在籍中、チャンドラセカールは、恒星質量の限界に関する独創的な理論を組み立てた。後に「チャンドラセカール限界」と呼ばれる恒星の終末を示す理論だが、エディントンは、それを頭ごなしに否定して認めようとしなかった。

一九三四年の夏、集中講義でケンブリッジ大学を訪れていたノイマンは、その論争の話を聞いた途端に、チャンドラセカールの理論が正しいと、彼の味方をしたことがあった。

その後、実際に「チャンドラセカール限界」が存在することが白色矮星《はくしょくわいせい》やブラックホールの観測によって確認され、彼は一九八三年のノーベル物理学賞を受賞している。

一九四一年の秋学期、ノイマンは、チャンドラセカールと共同研究を行い、年末に「恒星のランダム分布が生じさせる重力場の統計的解析について」という共著論文を仕上げた。

つまり、日本が真珠湾攻撃成功で沸いていた頃、ノイマンは、未来のコンピュータやロボット、そしてブラックホールに関連する基礎研究を進めていたというわけである。

さて、高等研究所でノイマンの助手を務めていた物理学者スタニスワフ・ウラムは、一九四〇年にウィスコンシン大学の専任教授職を得て、マディソンに移住した。

一九四二年の春、そのウラムに宛ててノイマンが出した手紙には、「私たち夫婦と

$(1/2)^2$の未知の存在より」と嬉しそうに書いてある。ノイマンの妻クララが妊娠したのである。

クララによれば、この頃のノイマンは「ほとんど休みなし」だった。「プリンストンからボストン。ボストンからワシントン、ワシントンからニューヨークへ。プリンストンにほんの少しいたら、次はアバディーン性能試験場へ。またワシントンに戻って、一晩家に泊まったら、再び一回りが始まりました。それも同じ順序ではありませんでしたが……」

合衆国参戦による不安や、多忙すぎるノイマンの影響もあったのか、クララは六月に流産してしまった。

海軍兵器局常勤顧問

一九四二年九月から一年間という契約で、ノイマンは、海軍兵器局の顧問に就任した。この職務は「常勤」なので、彼は三つの委員すべてを一旦辞任しなければならなかった。海軍からの要請は、それだけ切羽詰まったものだったらしい。

当時の海軍が憂慮していたのは、ドイツ軍がイギリス沿海に敷設した「機雷」についてである。ドイツの機雷は、連合国側の船舶航路上の海底に数多く沈められ、船が接近すると磁気に感応して浮かび上がり、爆発する仕組みになっていた。

当初は、「機雷掃海艇」がトロール船のように磁気に感応させる金属を曳《ひ》いていけば、集まってくる機雷を次々と遠方で爆発させることができた。ところが、それに対抗して、ドイツ軍は、一度目では爆発せず、三度目や五度目のランダムな磁気反応で爆発する新型機雷を開発した。これによって、イギリス沿海では、多くの輸送船が甚大な被害を受けていた。

ノイマンは、一九四三年一月から七月までイギリス海軍への出張を命じられた。そこで彼は、ドイツの機雷がどのようなパターンで敷設され、いかなる磁気反応で爆発するように仕組まれているのかを予測する数学的モデルを構成し、イギリス側の損害を最小にさせるための対処方法を示した。

この方法が具体的にどのようなものなのかは機密扱いだが、ノイマンの対処方法が大成功を収め、多くの連合国側の船舶を爆発から救ったことは事実である。イギリス海軍の将校らは喜んで、ノイマンのことを「大西洋海戦で大仕事をした、アメリカに渡ったドイツ野郎」と呼んだという。

当時のイギリス出張といえば、アメリカから爆撃機で大西洋を横断して最前線に向かう危険な任務である。ノイマンは、財産分与の遺書を書いて弁護士に託し、自分に二万ドルの生命保険をかけて、七歳の娘マリーナを受取人にした。

クララが、海軍から支給された重いヘルメットをノイマンの旅行バッグに入れると、彼はそれを取り出して替わりに分厚い『英国史』を入れた。イギリスで気晴らしに古戦場を巡る参考にするためである。クララが本を取り出してヘルメットを入れると、ノイマンが本と交換する。出発の前夜、二人はそれを何度も繰り返したという。翌朝ノイマンが出掛けた後には、ヘルメットが残されていた。

イギリスでノイマンと一緒に仕事をした研究者の中に、ハル大学講師からイギリス海軍に徴用された数学者ジェイコブ・ブロノフスキーがいた。戦後、BBC放送の解説者となり、多くの科学解説書を書いた人物である。彼はノイマンのことを「それまでに私が出会った中で、最も頭のよい天才」と認める一方で、「謙虚な人ではなかった」とも述べている。

二人が一緒に仕事をしていて、ある問題に直面したとき、ノイマンがブロノフスキーに言った。

「いやいや、君はわかっていないね。君のような見方をしていても本質は捉えられない。ここは抽象的に考えなければダメだよ。この写真に写っている爆発は、一次微分係数が打ち消されてゼロになって、目に見えているのは、二次微分係数の痕跡なんだよ！」

ブロノフスキーは、その夜遅くまでその問題を考えて、ノイマンが正しいことに納得した。彼は、礼儀正しく時間を見計らい、翌朝の一〇時にロンドンのホテルに滞在しているノイマンに電話を掛けて「君の言ったとおりだ」と伝えた。

ベッドで電話を受けたノイマンは、「君は、そんな当然の話をするために私を叩き起こしたのか！　これから私に電話を掛けるのは、私が間違っているときだけにしてほしいね」と言ったそうだ。

マンハッタン計画

一九四二年九月、四六歳のレズリー・グローヴス准将が原子爆弾プロジェクトの責任者に任命された。

彼は、ニューヨーク州ウェストポイントの陸軍士官学校を卒業後、アメリカ陸軍司令部・参謀本部大学校および陸軍大学校を経て、陸軍マンハッタン工兵管区司令官となった。原爆開発が「マンハッタン計画」と呼ばれるようになったのは、最初の総司令部がマンハッタンに設置されたためである。

彼をよく知る部下は、グローヴスのことを「非常に知的で勇気があると同時に、利己的で他者に批判的でもあり、古くからの慣習を無視して突き進む男」と評価している。

グローヴスは、三八歳のカリフォルニア工科大学教授ロバート・オッペンハイマーを抜躍した。その理由は、オッペンハイマーが非常に優秀な原子核物理学者であると同時に、原子爆弾の立案から製造まで、気難しい科学者たちをまとめられる人物と見込んだからだった。

彼らが新たな研究所を設置する場所として選んだのは、ニューメキシコ州のサンタフェから五〇キロ余り北西にあるロスアラモスという人里離れた地域である。ちょうどそこには、破産寸前の「ロスアラモス牧場学校」があった。陸軍は、牧場学校と周辺一帯すべての土地を買い取り、研究所と居住区の建設を急ピッチで進めた。

「ロスアラモス国立研究所」の初代所長になったオッペンハイマーは、アメリカ各地の大学や研究機関を廻って、トップクラスの数学者と物理学者を集めた。その結果、ジョージ・ワシントン大学のエドワード・テラー、コーネル大学のハンス・ベーテ、カリフォルニア工科大学のリチャード・ファインマンといった天才科学者たちが、この辺境の地で極秘任務に携わるようになったわけである。

研究所設置当初のオッペンハイマーは、原爆開発に必要な科学者は三〇名で十分だと考えていた。ところが、計画が進むにつれてその数は一〇〇名に増え、最終的には一五〇〇名になった。科学者は家族も連れて移住したので、ロスアラモスの住民は、科学者関係だけで一万人近くに膨れ上がった。

一九四三年七月、イギリスから戻ったノイマンは、著名人を会員とするワシントンの「コスモス・クラブ」の便箋に「帰国後は、浮気ばかりしている気分だよ。相手が二人か三人かもわからないくらいだ」とウラム宛に書いている。

これは、本業のプリンストン高等研究所に加えて、海軍兵器局と陸軍兵器局から引っ張られているという意味である。さらに、戦争省や科学研究開発庁からも相談を受けているところに、「プロジェクトY」から出頭要請が届いた。

「マンハッタン計画」は、テネシー州オークリッジの精製工場で原材料となるウランやプルトニウムを生成する「プロジェクトX」と、ロスアラモス研究所で原子爆弾を設計し製造する「プロジェクトY」の主軸二本で進められていた。「X」と「Y」は、機密保持のために付けられた暗号名である。

すでに複数の政府機関に関係しているノイマンは、ロスアラモス研究所に専従するわけにはいかない。しかし、「爆発研究の第一人者」が参加しなければ原爆は完成しない。仕方がないので、ノイマンだけはロスアラモスに定住せず、出入り自由という「特別待遇」で任命されることになった。

この年の秋、ウラムは、アメリカ中の優秀な科学者が、一人また一人とどこかへ消えていくのを不思議に思っていた。所属機関の同僚や秘書でさえ、誰も行先を知らないのである。

九月のある日、ウラムは、列車の乗り換えでシカゴのユニオン駅に降りたノイマンと、久しぶりに会うことができた。驚いたことに、ノイマンの側には「ゴリラのような護衛が二人」立っている。ノイマンは、すでに国の重要人物だった。それと同時に、機密を漏らさないように見張られていた可能性もある。

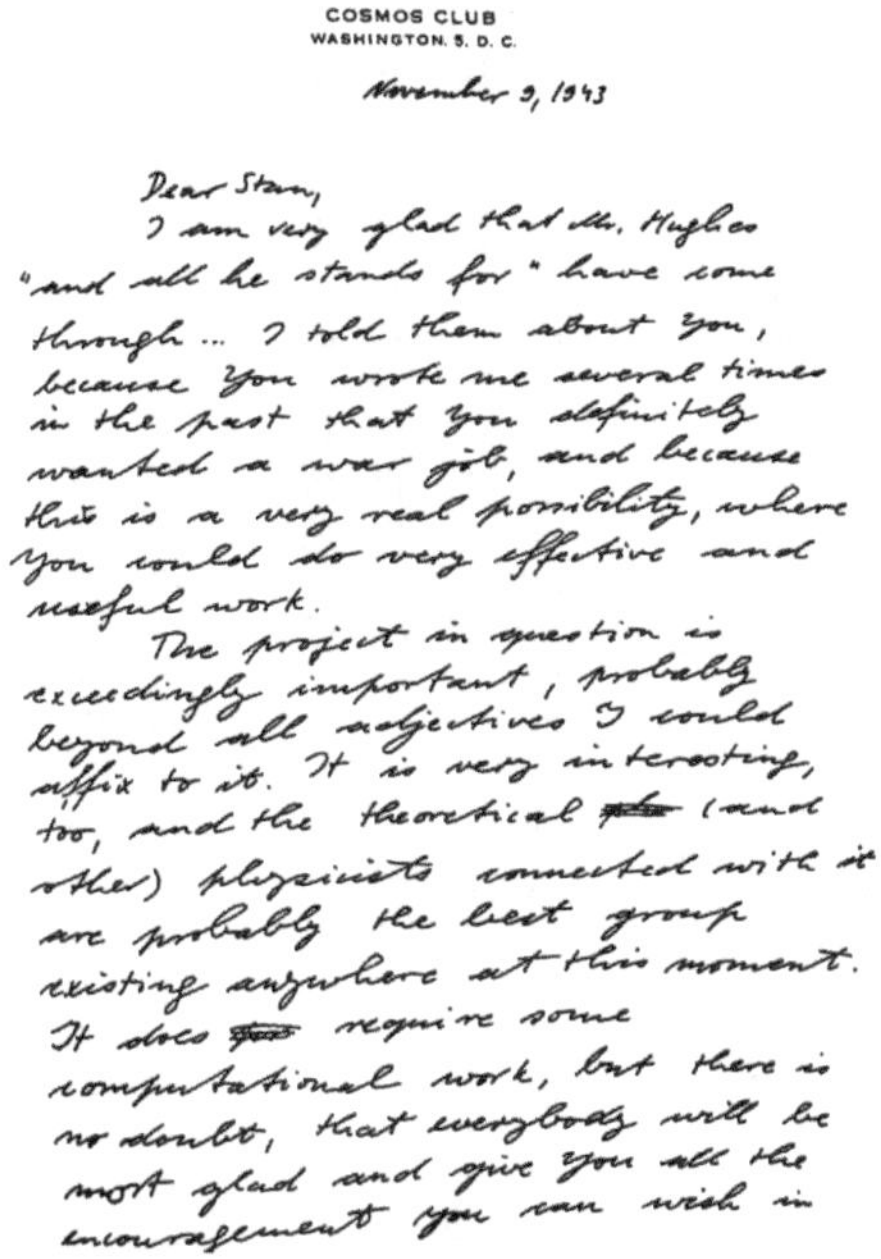

COSMOS CLUB
WASHINGTON 5, D. C.

November 9, 1943

Dear Stan,

I am very glad that Mr. Hughes "and all he stands for" have come through... I told them about you, because you wrote me several times in the past that you definitely wanted a war job, and because this is a very real possibility, where you could do very effective and useful work.

The project in question is exceedingly important, probably beyond all adjectives I could affix to it. It is very interesting, too, and the theoretical (and other) physicists connected with it are probably the best group existing anywhere at this moment. It does require some computational work, but there is no doubt, that everybody will be most glad and give you all the encouragement you can wish in

ノイマンのウラム宛手紙（1943年11月9日付）

ノイマンとウラムは、駅のトイレに入り、並んで用を足しながら話した。「南西部で大きな工学的研究が進んでいてね」「僕は、あまり工学のことは知りません。このトイレの水がどうやって自動的に流されているのかも知らないくらいです。きっと自動触媒作用みたいなものでしょうけど……」

ウラムの言った「自動触媒作用」は、原爆開発に必要不可欠な技術である。彼の推測は正しかった。その二週間後、ウラムの下にも「プロジェクトY」への出頭要請が届いた。

ロスアラモス国立研究所顧問

ロスアラモス国立研究所顧問として、ノイマンが中心になって推進したのが「爆縮型」原爆の設計である。これはノイマンが発見した重要な理論の一つだが、原爆の威力を最大限にするためには、落下後に爆発させるのではなく、上空でプルトニウムに点火させる必要があった。

そこでノイマンらが考えたのは、臨界点に達していないプルトニウムの周囲に三二面体型に爆薬を配置して、一定の高度で爆薬に点火、その爆発の衝撃によってプルトニウムを臨界量に転化させる方式である。彼らは、この一連のプロセスを正確に制御するための複雑な数値計算を半年かけて行い、その設計は一九四四年末に完成した。

ハンス・ベーテは、「たいていの問題を見通せる」ノイマンに大いに助けられたと言う。「俺の手におえない微分方程式もすいすい解いたし、どんな質問にも答えをくれた」とも述べている。

「計算に行き詰っている人たちは、ノイマン博士の部屋の前で待機していて、出てきたらどっと取り囲んだものです。廊下を歩きながらみんなの話を聞き、博士が会議室に消えるころには、問題の答えか、答えに行き着くための最短の道が見えていましたね」という研究者の証言もある。

彼らの娯楽は、自然公園を散歩し、山に登り、屋内ではカードゲームに興じることだった。ノイマンもロスアラモス特有の社交生活に溶け込み、ポーカーによく付き合った。すでに述べたように、「ゲーム理論」を創始した天才数学者でありながら、彼はカジノで負けてばかりだった。そして、ロスアラモスでは、素人を相手にしたポーカーでも負けてばかりだったというのだから、おもしろい。

彼の伝記を書いた作家ノーマン・マクレイは、ノイマンが「ゲームをしながらも、頭の中では常に一〇くらい別のことを考えていた」と述べている。たしかに、彼の頭脳は常にフル稼働だった。それに、幼少期から人当たりのよいノイマンは、無理にゲームに勝とうとしなかったのだろう。

ロスアラモスの科学者は、自分たちが「大量殺戮《さつりく》兵器」の製造に加担していることを認識し、内心に強い罪悪感を抱いている者も少なくなかった。しかし、ノイマンと散歩をしながら会話を交わしたリチャード・ファインマンは、楽になったという。

「フォン・ノイマンは、我々が今生きている世界に責任を持つ必要はない、という興味深い考え方を教えてくれた。このフォン・ノイマンの忠告のおかげで、僕は強固な『社会的無責任感』を持つようになった。それ以来、僕はとても幸福な男になった」

ハイゼンベルクの原子炉

一九四二年一二月、エンリコ・フェルミは、シカゴ大学の室内スカッシュ・コートに、グラファイトのブロックを何層も積み重ねた「パイル」と呼ばれる原子炉を完成させた。これが「マンハッタン計画」における最初の成果である。

ところが、ドイツのヴェルナー・ハイゼンベルクは、一九四〇年一二月、「パイル」に比べれば単純な構造だが、「原子炉」をライプツィヒ大学の実験室に完成させていた。つまり、ドイツの原子力開発は、当初、アメリカよりも二年先を進んでいたのである。

一九四二年六月四日、ベルリンに呼ばれたハイゼンベルクは、ドイツ軍上層部の高官を前にして、「通常の一〇〇万倍の威力を持つ爆弾」を「二年以内」に開発できると言った。「大都市を破壊する爆弾のサイズ」を尋ねられたハイゼンベルクは、「パイナップル一個の大きさで十分です」と答えている。

感激した軍需大臣アルベルト・シュペーアは、一〇〇万から二〇〇〇万マルクの資金を提供すると約束し、陸軍省は、数百人の科学技術者を新型爆弾開発任務に回すと保証した。

もしこの時点でドイツが国家の全精力を傾けてドイツ版の「マンハッタン計画」を推進していたら、アメリカよりも先に原子爆弾を完成させることができたかもしれない。

ところが、ハイゼンベルクが軍部に請求した研究費は、三五万マルクにすぎなかった。これにはいろいろな理由があったが、要するに、彼は、国家事業の全責任を負うのが怖くなったのである。ハイゼンベルクが、祖国ドイツの勝利を願う一方で、ナチスによる国家支配に対しては強い不信感を抱いていたことも大きな原因の一つだろう。

六月二三日、ライプツィヒ大学の「原子炉」のウランが制御不能になり、炉心が融解して大爆発を起こした。一九四三年二月には、ノルウェーのレジスタンスが、ノルスク・ハイドロ社の重水工場に潜入して重水タンクを爆破した。この作戦は『テレマークの要塞』という映画にもなっている。

原子炉の制御に不可欠な重水が供給されなくなった時点で、事実上、ドイツの原爆開発は終わっていた。

標的委員会

一九四五年の春、昼前にロスアラモスからプリンストンの自宅に戻った四一歳のフォン・ノイマンは、ベッドに直行し、一二時間眠り続けた。大学時代から睡眠時間は四時間という習慣なので、一気に三日分を眠り続けたことになる。

妻のクララが「何よりも心配だったのは、ジョニーが食事を三回も飛ばしたこと」である。美食家のノイマンが、食事も無視して眠り続けるのを見たのは、初めてのことだった。夜中に目を覚ましたノイマンは、「異様な早口」で喋り始めた。

「我々が今作っているのは怪物で、それは歴史を変える力を持っている！……それでも私は、やり遂げなければならない。軍事的な理由だけでもだが、科学者として科学的に可能だとわかっていることは、やり遂げなければならない。それがどんなに恐ろしいことだとしてもだ。これは始まりにすぎない」

ちょうどノイマンの担当する「爆縮」設計が完了した頃の出来事である。彼は、最終的に原爆が完成すると何が起こるかを予見して、自分の行動を正当化しているように映る。

すでに述べたように、ベルリン大学に入学した当時のノイマンは、「戦争を早期終結させるためには、非人道的兵器も許される」という「化学兵器の父」フリッツ・ハーバーの思想から影響を受けた可能性がある。

ロスアラモスでは、「非人道的兵器」を開発する「罪悪感」に苛《さいな》まれていた若い物理学者リチャード・ファインマンに対して、「我々が今生きている世界に責任を持つ必要はな

ロスアラモス国立研究所付近のロッジ。左からノイマン、物理学者リチャード・ファインマン、物理学者スタニスワフ・ウラム（1949年）

い」と断言して、彼を苦悩から解き放った。

要するに、ノイマンの思想の根底にあるのは、科学で可能なことは徹底的に突き詰めるべきだという「科学優先主義」、目的のためならどんな非人道的兵器でも許されるという「非人道主義」、そして、この世界には普遍的な責任や道徳など存在しないという一種の「虚無主義」である。

ノイマンは、表面的には柔和で人当たりのよい天才科学者でありながら、内面の彼を貫いているのは「人間のフリをした悪魔」そのものの哲学といえる。とはいえ、そのノイマンが、その夜に限っては、ひどく狼狽《うろた》えていたというのである。クララは、彼に睡眠薬とアルコールを勧めた。

当時の日本の合言葉は「一億玉砕」と「一人十殺」だった。三月には硫黄島守備隊が全滅し、制空権の壊滅した本土へのB29大編隊による空襲が始まり、東京・名古屋・大阪・神戸のような大都市が無差別爆撃で焼け野原になった。

四月には「一億総特攻の魁《さきがけ》となれ」という無謀な特攻作戦によって、「不沈艦」と呼ばれた戦艦「大和」が撃沈された。それでも日本軍は、沖縄やフィリピンのルソン島で頑強に抵抗を続けていた。

五月一〇日にロスアラモスで開かれた「標的委員会」では、ノイマンは、科学者を代表して原爆の爆発高度を選定するという重要な立場で出席した。

空軍が目標リストとして「皇居、横浜、新潟、京都、広島、小倉」を提案した。ここでノイマンは、皇居への投下に強く反対し、もし空軍があくまで皇居への投下を主張する場合は「我々に差し戻せ」と書いたメモが残されている。

ノイマンは、戦後の占領統治まで見通して皇居への投下に反対したのであって、事実そのおかげで日本は命令系統を失わないまま三ヵ月後に無条件降伏できた。その意味で、ノイマンは無謀な「一億玉砕」から日本を救ったとも考えられる。

その一方で、ノイマンが強く主張したのは、京都への原爆投下だった。ノイマンは、日本人の戦争意欲を完全に喪失させることを最優先の目標として、「歴史的文化的価値が高いからこそ京都へ投下すべきだ」と主張した。

これに対して、ヘンリー・スチムソン陸軍長官が、「それでは戦後、ローマやアテネを破壊したのと同じ非難を世界中から浴びることになる」と強硬に反対した。彼が新婚旅行で京都を訪れていたことも、その反対の一因だったかもしれない。

その後の標的委員会では、すでに通常爆撃で破壊されていた横浜が却下され、情報不足から新潟が除外された。最終的に、広島・小倉・長崎の優先順位で二発の原爆が投下される方針が決まったのである。

ボーアとシラード

一九四五年七月一六日、ニューメキシコ州ソコロの南東四八キロ地点の砂漠で、人類史上最初の核実験が行われた。

関係者の多くは、その威力に半信半疑だった。エドワード・テラーは、TNT四万五〇〇〇トン程度に相当すると強気だったが、ロバート・オッペンハイマーは控え目にTNT三〇〇トン程度と見積もっていた。ハンス・ベーテのTNT八〇〇〇トン程度という予測が、多くの関係者に共通する見解だったようである。

結果は、TNT二万トン近くの破壊力で、「人口三〇万〜四〇万人の都市を焼け野原にできる威力」と表現された。ノイマンは、核実験の準備がうまくいった時点で満足して、すでにプリンストンに戻ってコンピュータ開発に取り掛かっていた。

ロスアラモスは、沸きかえった。至る所でパーティが開かれ、ファインマンはジープの端でドラムを叩いていた。ところが、物理学者のボブ・ウィルソンだけは、ふさぎ込んでいた。「とんでもない物を造ってしまった」というのが、その理由である。ファインマンは、次のように述べている。

「僕はもちろん、周囲の皆は、自分達が正しい目的で核開発を始め、力を合わせて無我夢中で働き、それをついに完成させたという歓喜で躍り上がっていた。そしてその瞬間、考えることを忘れていた。……ただ一人、ボブ・ウィルソンだけがその瞬間にも考えることをやめなかったのである」

実は、ウィルソンと同じように自問自答を繰り返し、「非人道的兵器」の使用を疑問視した科学者も多かった。その代表といえるのが、量子論の創始者ニールス・ボーアである。

彼は、ナチス・ドイツが目前に迫るまでコペンハーゲンに留まったが、一九四三年九月、イギリス諜報部の助けでスウェーデンに脱出し、爆撃機でロンドンに向かった。彼の頭は大きすぎてヘルメットのサイズが合わず、うまく酸素吸入ができなかったため、到着した際には気絶していたという。

ボーアは、世界の「科学者の良識」を強く信じていた。彼が「科学的事実は世界の科学者で共有すべきだ」と主張して、学会でも論文でも、核分裂に関して判明している限りの情報を公開してきたことは、すでに述べたとおりである。

彼は、人類の未来のために、原子力を平和利用に限って開発すべきだと考えた。そのためには、イギリスとアメリカとソ連が「原子力国際管理協定」を締結し、三国の科学者が中心になって原子力を管理するのが最善の手段だと主張した。

一九四四年五月一六日、ボーアは、ウィンストン・チャーチル首相との会談にこぎつけた。しかし、彼の提案は、戦後のソ連の台頭を懸念するチャーチルを不快にさせただけだった。チャーチルは、ボーアの不明瞭な英語を皮肉りながら、「この人は、何を喋っているのかね」と側近に言ったという。

七月、ボーアはアメリカのロスアラモス研究所を訪れて原爆の開発状況を視察し、八月二六日、ホワイトハウスを訪れて、フランクリン・ルーズベルト大統領と会談した。ボーアの「マンハッタン計画」協力を望んでいた大統領は、チャーチルよりは丁寧に接したが、彼の提案は受け入れなかった。

九月一八日、チャーチルは、ルーズベルトの実家があるニューヨーク州ハイドパークを訪れて秘密会談を行い、米英の首脳は「ハイドパーク協定」と呼ばれる密約を交わした。

この密約の内容が情報公開されたのは一九七二年のことだが、実はこの密約の時点で、ドイツではなく日本に原爆を投下することが決まっていたのである。戦後にアメリカがソ連を超える大国となるために、それを強く勧めたのは、チャーチルだった！

一方、合衆国政府に最初に原爆開発を勧めたレオ・シラードは、ボーアの提案に共鳴したこともあって、以前とは正反対に、原爆使用を禁止すべきだと説いて回るようになった。彼が何よりも恐れたのは、ナチス・ドイツが原爆でユダヤ人を絶滅させることだったが、その心配はなくなった。

平和主義に目覚めたシラードは、一九四五年六月一一日、シカゴ大学のノーベル賞受賞者ジェームズ・フランクを担ぎ出し、自分を含めた科学者七名の連名による「フランクレポート」を大統領に提出した。原爆を無警告で都市に投下するのは非人道的なので、日本人を呼んで砂漠か無人島で原爆の威力を見せつけ、降伏を促せばよいという提案である。

次にシラードは、七月一七日、シカゴとオークリッジの七〇名の科学者の署名を集めて、原爆使用中止の「請願書」を大統領に提出した。この書類は、ロスアラモスにも届いたが、司令官レズリー・グローヴスが科学者の動揺を恐れて、回覧させなかった。彼は、シラードの勝手な行動に激怒した。

一九四五年四月一二日、史上最多の四選を果たしたルーズベルト大統領が脳卒中のため急死し、副大統領のハリー・トルーマンが昇格した。この時点で、科学者ばかりでなく、軍上層部にさえ原爆使用反対の意見が複数あったことから、トルーマン新大統領は、「非人道的兵器」の使用を躊躇《ためら》った。

しかし、チャーチルは「ハイドパーク協定」の早期実行を要求し、グローヴスは広島が「軍事都市」だという誇大報告書まで作成して、原爆投下を迫った。何よりも忘れてはならないのは、当事国の日本が「本土決戦」を内外に表明して「一人十殺」の徹底抗戦を叫んでいたことである。通常の上陸作戦では、アメリカ軍に甚大な被害が予測された。最終的にトルーマン大統領は、「非人道的兵器」の使用を認めた。

日本の降伏

それにしても、いくら考えても理解に苦しむのは、なぜ日本がもっと早く降伏しなかったのかということである。

そもそも日本が中国と東南アジアに侵出し、アメリカとの開戦にまで踏み切った戦略の背景には、当初は破竹の勢いでフランスまで手中に収めたドイツが、イギリスも占領し、いずれはヨーロッパ全域を制覇するに違いないという大局観があった。軍事戦略的な基盤は、何といっても一九四〇年に調印した「日独伊三国同盟」にあったのである。

ところが、同盟国のイタリアは一九四三年九月に早々と降伏し、頼みの綱だったドイツも、一九四四年六月の連合軍によるノルマンディ上陸以降は敗色が濃厚になっている。一九四五年四月三〇日にヒトラーが自殺し、五月七日にドイツが降伏した。この時点で枢軸国の日本が勝つ可能性は完全に消滅したのだから、速やかに降伏の道を探るべきだった。

ところが、日本の大本営は、アメリカ合衆国・英国連邦（イギリス・カナダ・オーストラリアなど）・ソビエト連邦を含めて、ほぼ全世界に拡がる連合国を相手に、たった一国で「本土決戦」を決定した。背後でソ連に講和の仲介を依頼する動きがあったとはいえ、もはや正気を失っていたのである。

大本営は「国体護持」や「講和を有利にする」ための抗戦だと位置付けたが、結果的には、被害を大幅に拡大させたにすぎない。この頃になると、当初は非常時出撃だった「特攻」が日常的な出来事になり、補給もなく前線に取り残された兵士たちは「天皇陛下万歳」と叫びながら敵陣に突っ込む「バンザイ突撃」を繰り返した。

アメリカは、これを「狂信的な兵士」による「理解不可能な自殺行為」とみなしたが、日本人兵士が降伏しなかった最大の理由は、東條英機が示達した「戦陣訓」の一節「生きて虜囚の辱《はずかしめ》を受けず」という「命令」にあったのである。

兵士に限らず、降伏すれば辱めを受けて殺されると洗脳されていた民間の日本人女子は、四月にアメリカ軍が沖縄本島に上陸してくると、次々と断崖絶壁から海に身を投じた。

七月一六日の「核実験成功」のニュースは、外国通信社が配信している。日本の大本営も情報を得ていたし、物理学者の湯川秀樹は広島が投下目標であることまで知っていて、友人に広島を離れるように伝えたという証言もある。それでも日本の指導者層は、無条件降伏を考えようとしなかった。

八月六日、広島にウラニウム型原子爆弾、九日には長崎にプルトニウム型原子爆弾が投下された。一発だけでは、それしかないと日本が判断して抗戦を続けるから、二発にしたというのが定説である。科学的見地からは、二種類の原材料による爆弾の威力を試したかったという理由もあった。

最終的に「本土決戦」に至らなかったのは、昭和天皇が日本人として最後の理性を振り絞って、あくまで「ポツダム宣言を受諾」し、「無条件降伏する」という強い意志を表明したためである。

もし「本土決戦」になっていたら、国民は、一九四五年四月に大本営が発行した『国民抗戦必携』に従わなければならなかった。「敵が上陸してきたら国民はその土地を守って積極的に敵陣に挺身切込みを敢行し、敵兵と激闘し、これを殺し、また兵器弾薬に放火したり、破壊して軍の作戦に協力しなければならない」という狂気の「抗戦命令」である。

この『国民抗戦必携』には、「白兵戦の場合は竹槍で敵兵の腹部を狙って一突きに」とか、「背の高いヤンキーと戦うには、刀や槍をあちこちにふりまわしてはならない。腹をねらって、まっすぐに突き刺せ。ナタ、カマ、熊手などをつかうときは、うしろから攻撃せよ」などの殺害方法が解説されている。

実際には、もし日本が降伏しなければ、八月一九日に「東京ジョー」と名付けられたプルトニウム型原子爆弾を東京に投下する予定があった。それでも日本が抗戦を続けたら、札幌から佐世保まで、全国一二の都市へ順番に原爆を投下する計画もあった。大本営の「抗戦命令」が、どれほど時代錯誤で非科学的な妄想だったか、よくわかるだろう。

一九七七年、当時の厚生省が計算した太平洋戦争の犠牲者数は、三一〇万人である。そのうち「軍人・軍属・准軍属」の戦没者は二三〇万人、外地で戦没した日本人は三〇万人、内地での戦災犠牲者は五〇万人となっている。

陸軍省は「草や根を食べ、野原に寝ようとも、日本陸軍は、国体を護持する『聖戦』を戦い抜かねばならない。また、永遠の生命は死中に求めねばならない。断固とした戦いこそが、絶望的な状態から脱出する道を見いだすであろう」と兵士を洗脳した。食料や物資はすべて現地調達という作戦である。

その結果、二三〇万人の戦没兵士のうち一二〇万〜一四〇万人が、栄養失調に起因するマラリアや赤痢などの病死を含めた広義の「餓死」で亡くなった。彼らは、野ネズミやヘビやコウモリまで食べるという悲惨な状況で亡くなったのである。

つまり、戦没兵士の六〇％以上は、補給をまったく考慮しない大本営の無謀な作戦によって殺害された。ナチス・ドイツはユダヤ人を「大量虐殺」したが、当時の日本の戦争犯罪者は、日本人を「大量虐殺」したのである。

しかも、戦没者の大多数は、戦争末期に集中している。もし日本がもっと早く降伏していれば、多くの「餓死」は防げたし、アメリカは原爆を投下できなかっただろう。

第６章　コンピュータの父

ノイマンと完成したばかりの「MANIAC」(1952年)

ようやく私の次に計算の早い機械ができた！
ジョン・フォン・ノイマン

もし彼を失うことになれば、我々にとって大きな悲劇です！
ジェームズ・アレクサンダー

彼は少し顔を出しただけで、経済学を根本的に変えてしまったのです！
ポール・サミュエルソン

アラン・チューリング

私は、ミシガン大学大学院でアーサー・バークス教授の講義を受けた。退官される直前、最終年度の秋学期に履修資格を満たして、滑りこみで受講できたのである。

バークスといえば、フォン・ノイマンの下でコンピュータを開発した情報科学者で、ノイマンの死後に彼の「自己増殖オートメタ理論」を展開し完成させたことで知られる。

バークス教授は真面目で、黒板に数式を書きながら淡々と授業を進める先生だったが、「最初のコンピュータ」の話題になったとき、次のようなジョークで私たちを和ませた。

「『コンピュータの父』といえば、もちろんアメリカではジョン・フォン・ノイマンですが、イギリスではアラン・チューリングになります。自分がどこの国で喋っているのか、くれぐれも忘れないように！」

チューリングは、一九一二年六月二三日、ロンドンで生まれた。彼の父親ジュリアスは、スコットランド系貴族の家系に生まれ、オックスフォード大学を卒業後、大英帝国政府代表部の高等文官としてインド帝国のマドラス（現在のチェンナイ）に赴任した。そこで彼は、マドラス鉄道主任技術者の娘サラと結婚した。

夫婦は、生まれた息子をインドではなくイギリスで育てる方針だったため、チューリングはイギリス南部の退役軍人の家庭に預けられた。多忙な父親が帰国することはほとんどなく、母親も年に一度クリスマス休暇でイギリスに戻るだけだった。幼年時代のチューリングは、すべてを子守やメイドに世話されるという「孤児のような生活」を送った。

チューリングが三歳の頃、おもちゃの船に乗っていた木製の水兵が壊れたことがあった。彼は、その水兵の腕と脚をちぎって庭に植えて、そこから身体が生えてくるかどうか確認した。チューリングは、文字を覚える前から「数字やパズル」に強い興味を持ち、アルファベットを覚えた数週間後には、複雑な文章を読めるようになったという。

すでに述べたように、ノイマンは、両親や祖父母、親戚一同と一緒に暮らす温かい家庭に恵まれ、早い時期から多言語や数学のような「抽象的思考」で天才的な能力を発揮した。

一方、チューリングの特徴が強く表れているのは、少年時代から、手で触れることのできる事物に対する工夫や発明のような「具体的思考」に興味を持っていたことである。

彼は、自分の手にうまくフィットする万年筆を作り、その万年筆の製図も付けて、その万年筆で両親に手紙を書いた。当時のチューリングの手紙には、新しい形のタイプライターや、自転車の車輪を回す力を蓄電池に蓄積する方法などが書かれている。一一歳のクリスマスには、両親に頼んで、化学実験の器具と薬品一式をプレゼントしてもらった。

この頃から、チューリングは、自分が興味を持たない科目には目を向けず、落第点を取っても勉強しようとしなかった。周囲の教師や大人の言うことも聞かなくなり、預けられた家庭では「厄介者」扱いされるようになった。

一九二六年五月三日、一三歳のチューリングは、入学の決まったドーセットにあるパブリック・スクールのシャーボーン校に向かった。ところが、その日にイギリスで史上最大規模の統一ストライキが始まり、全交通機関が麻痺した。

そこでチューリングは、当時フランスに居住していた両親の家から船でサウサンプトン港に入国、さらに地図を見ながら自転車で一〇〇キロ近く走って、ブランドフォードのホテルに宿泊し、翌日の朝に定刻通り登校した。彼の「果敢な旅」は世間を驚かせ、大いに賞賛されて、地方新聞の記事にもなった。

このように、チューリングが誰も思い付かない臨機応変の「発想」ができる学生であることは、シャーボーン校の授業が始まってからも、すぐに評判になった。しかし、彼は、寮長や上級生に反抗的で礼儀作法を守らず、「反社会的学生」とみなされた。自分の部屋に籠って、一人で勝手に何かを実験しているチューリングの綽名《あだな》は、「錬金術師」になった。

チューリングの天賦の才能が本格的に開花したのは、彼が一五歳の頃、一歳年上のクリストファー・モルコムと出会ったことがきっかけである。モルコムは、どの科目もシャーボーン校トップの秀才で、とくに数学と科学では群を抜いた成績を誇っていた。この「初恋の相手」に気に入られようとチューリングは猛勉強を始め、ついにモルコムと一緒にケンブリッジ大学への進学を目指すようになった。

モルコムは、誰からも相手にされなかった「偏屈な変わり者」のチューリングに、音楽やマラソンの楽しさを教え、一緒に化学実験や天体観測を行った。ところが、大学から合格通知が届いた直後、モルコムは結核のため急逝してしまった。その失意の底で何もできなくなったチューリングを、モルコムの両親は「息子の分も生きてほしい」と励ましたという。

ケンブリッジ大学のチューリング

一九三一年九月、一九歳のチューリングは、ケンブリッジ大学のキングズ・カレッジに奨学生として入学した。彼は、シャーボーン基金による数学の奨学金選抜試験でも最優秀の成績を取り、母校は、「近年の我が校において最も傑出した少年の一人」と、掌を返したように、彼を褒め称えた。

チューリングは賞品として、何でも好きな書籍を購入できることになった。そこで彼が選んだのが、一九三二年に出版されたばかりのノイマンの『量子力学の数学的基礎』だったのである！

チューリングの将来に大きな契機を与えたのは、一九三四年の秋学期にマックス・ニューマンが開講した「数学の基礎」に関する講義だった。ここでニューマンは、二〇世紀初頭の「数学の危機」について解説し、一九三一年に証明されたクルト・ゲーデルの「不完全性定理」を詳細に分析した。

ニューマンは、ポーランドのドイツ系ユダヤ人の家系出身で、ノイマンとも親交の厚い数学者である。専門は位相幾何学だが、数理論理学に関する論文も多く、幅広い問題に関心を持っていた。ニューマン教授の影響により、チューリングは確率論に興味を持つようになった。

ある日、一八世紀末から未解決の難問とされていた「中心極限定理」のことを考えているうちに、チューリングは、その定理を証明してしまったのである。

実は、この「中心極限定理」は、すでに一九二二年にフィンランドのヘルシンキ大学講師イヤール・リンデベルグが証明していたのだが、ニューマンとチューリングは、そのことを知らなかった。

いずれにしても、確率論の超難問を大学生が証明したとは驚愕だった。この成果のおかげで、チューリングは、二二歳の若さでキングズ・カレッジの「フェロー」に選出された。

当時のイギリスの大学の「フェロー」は、講義の義務もなく、少なくとも三年間は給料を貰いながら大学内に研究室を所有して、自由に研究を続けることができた。この名誉ある称号に対して、一時は彼を放校しようとしたことさえあった母校シャーボーン校は、学校を半日休校にして盛大に祝った。

コンピュータの基礎

一九三六年四月、二三歳のチューリングは「計算可能性とその決定問題への応用」を完成させた。この画期的論文において彼が創造した概念が、あらゆる情報をデジタル処理する現在のコンピュータに実現されているわけである。

彼は、「アルゴリズム」と呼ばれる命令の集合を構成し、このアルゴリズムを一定の規則に基づく記号列に置き換えて、計算あるいは思考する理想機械「チューリング・マシン」を想定した。チューリング・マシンは、無限数のボックスに区切られた無限長のテープと、ボックス内の記号を読み書きするヘッドと、有限数の内部記憶によって構成される。

ここでチューリングの最大の功績は、①アルゴリズムを表現する言語(構文論)、②アルゴリズムを解釈する方法(意味論)、③解釈したアルゴリズムを正しい手順で実行する方法(マシン化)を、すべて明確に定式化した点にある。

構文論と意味論は、述語論理の公理系と同じように厳密に定義できる。チューリングは、アルゴリズムの各ステップを述語論理によって推論規則化し、純粋に機械的な操作によって、論理的な帰結を導くようなマシン化を考察した。

その結果、チューリングは、いかに複雑なアルゴリズムであっても、それを一定の有限数の命令に還元するコード化を見出した。このコードによって、アルゴリズムを機械に組み込むマシン化も数学的に厳密に表現できるようになった。

チューリングの論文の重要性を見抜いたニューマンは、すぐにこの論文が『ロンドン数学会紀要』に掲載されるように手配した。さらに彼は、「計算可能性」の研究で知られるプリンストン大学の論理学者アロンゾ・チャーチの下で研究できるように、チューリングの推薦状を書いた。

一九三六年九月、チューリングは、サウサンプトン港からニューヨークに向かった。彼の乗ったベレンガリア号は、タイタニック号の二倍の定員数の豪華客船で、そのうち乗客は五〇〇〇人、乗員が一〇〇〇人である。ちなみにノイマンは、イギリスに行き来する際、この船の高級ホテル仕様サロン付一等船室を使ったが、チューリングは三等船室だった。

この船底で生活する船旅は「最悪」であり、母親サラへの手紙には、「周囲に群がっている下等階級のことは一切無視しています」と書いてある。船で出会ったアメリカ人は「最も我慢のならない鈍感な連中」であり、「まさかすべてのアメリカ人がこれほど酷《ひど》くはないでしょうが」と結んでいる。

チューリングの「エニグマ」暗号解読

プリンストンに到着したチューリングは、「ここの数学科は期待通りです」と喜びの声を挙げている。「ここにはフォン・ノイマン、ワイル、クーラント、ハーディ、アインシュタイン、レフシェッツという錚々たる数学者に加えて、ちょっとした小物もいます」とサラへの手紙に書いてある。

指導教官のチャーチは、温厚で面倒見のよい論理学者として知られる。後に大きな業績を挙げるスティーヴン・クリーネやジョン・ロッサーも、この時期に大学院に在籍していた。

しかし、チューリングは、大学院生のなかでも「浮いた存在」だった。チャーチが彼に付けた綽名は、「ひとりぼっち」である。チューリングは、休日に一人でニューヨークやワシントン、バージニアやサウスカロライナに旅した印象をサラに手紙で書き送っている。

チューリングの博士論文「序数に基づく論理システム」は、一九三八年五月に受理された。この論文は、「チューリング・マシン」における「計算不可能性」の限界を超えた「オラクルマシン」(神託機械)を想定する数学的に難解な内容である。そのイメージの中には、現代の「オンライン・ネットワーク」を予見するような一面もあった。

ノイマンは、チューリングの論文を非常に高く評価して、年俸一五〇〇ドルでプリンストン高等研究所の彼の助手にならないかと誘った。当時、ノイマンの助手になることは、研究者としての前途が約束される名誉ある就職だった。

チューリングは、かなり悩んだが、結果的にイギリスに帰国する道を選んだ。祖国イギリスへの「愛国心」のためだったと説明する伝記が多いが、同時に、彼が「アメリカ嫌い」で、環境に適応できなかったことも大きな理由の一つだろう。

もしチューリングがノイマンと一緒にアメリカでコンピュータを開発していたら、コンピュータは異次元の進化を遂げていただろう。しかし、その反面、ドイツ軍の暗号は解読されず、第二次大戦の行方が大きく変わっていたかもしれない。

帰国したチューリングは、ニューマンと共に、ロンドン郊外にあるイギリス情報局秘密情報部の暗号解読機関ブレッチリー・パークに赴任した。そこで彼は、難攻不落と呼ばれるナチス・ドイツ軍の暗号機「エニグマ」の解読に取り掛かった。

この暗号機は、アルファベットに対応する二六個の電気接点が並んだ円盤状のローターが何枚か組み合わされただけの比較的単純な構造であるにもかかわらず、ローター三枚だけで毎秒一〇〇〇通り調べても三〇億年かかるほどの天文学的な配置の組み合わせを生じさせる。

したがって、暗号の送り手と受け手が、三枚のローターが同じように初期設定された同一の「エニグマ」を持っていなければ、解読は不可能だとみなされていた。

これに対して、チューリングは、三六機の「エニグマ」の動作を同時にシミュレートできる暗号解読機「ボンブ」を制作し、ローター配置の可能性を探知する方法を開発して、ついにその解読を成功させた。「エニグマ」暗号解読は、ナチス・ドイツを敗北に導いた最大の要因ともいわれる功績である。

つまり、チューリングは、連合国軍を勝利に導いた「英雄」なのである。実際に彼は、一九四五年、「大英帝国勲章」を授与された。しかし、「エニグマ」に関する情報公開は固く禁じられ、一九七〇年代まで国家機密だった。そのため、チューリングがいかなる偉業を成し遂げたのかは、家族でさえ知らされなかった。

ENIAC

アメリカのコンピュータ開発は、陸軍が中心になって進めていた。アナログの「微分解析機」では、一発の弾道を計算するために丸一日が費やされる。そこでノイマンが陸軍を説得して開発を急がせたのが、「コンピュータ」だったことは、すでに述べたとおりである。

陸軍のコンピュータ開発プロジェクトを指揮したのは、ミシガン大学講師から陸軍に志願した数学者ハーマン・ゴールドスタイン中尉だった。彼の下で、工学者のジョン・エッカートとジョン・モークリーが設計したのが、「ＥＮＩＡＣ（Electronic Numerical Integrator and Computer）」である。

エッカートとモークリーは、陸軍から資金援助を受けて、ペンシルベニア大学電子工学科で研究開発を進め、一九四四年八月、「ＥＮＩＡＣ」の試作品を完成させた。内部には一万七八四〇個の真空管があり、長さ三〇メートル、幅一メートル、高さ三メートルで、総重量は二八トンという巨大装置である。

この試作品は、一秒間に三〇〇回の計算ができた。一〇進法に基づく設計で、中心部には「一番」から「一〇番」まで一〇本の真空管が円形に並べられた「リングカウンタ」が設置され、計算結果は真空管のパルスで出力された。

しかし、膨大な数の真空管は毎秒一〇万回のパルスを発し、一本の真空管の一回のパルスが誤作動を起こしても、装置全体がダウンしてしまう。しかも、計算式を変更するたびに、数多くのケーブルを繋ぎ変えなければならない。これでは、とても現場の弾道計算に使えない。三〇歳のゴールドスタイン中尉は、どうすればよいのか悩んでいた。

ある日、彼がアバディーン駅でフィラデルフィア行きの電車を待っていると、そのプラットホームに、同じ列車に乗る四〇歳のノイマンが現れた。この遭遇について、ゴールドスタインは、後に次のように述べている。

「私は、厚かましいことは承知の上で、世界的な有名人に近寄って自己紹介した。フォン・ノイマンは、温かく親切に接してくれた。リラックスしたムードの会話が始まり、仕事の話になった。私が、毎秒三〇〇回以上の計算をこなすコンピュータを開発していると言うと、突然、状況は一変した。その後の会話は、まるで数学博士号の口頭試問だった」

ゴールドスタインが、ぜひ実物を見てほしいと言ったため、ノイマンは、ペンシルベニア大学に「ENIAC」を見に行くことになった。その話を聞いた偏屈者のエッカートは、「フォン・ノイマンが本物の天才かどうかは、彼の最初の質問でわかる。もし機械の論理構造を尋ねたら本物、そうでなければ信用しない」とゴールドスタインに念を押した。

八月七日、「ENIAC」を見たノイマンの最初の質問は、もちろん「機械の論理構造」に関するものだった。続けてノイマンは、エッカートとモークリーを質問攻めにして、さまざまな改良点をアドバイスすることになった。

そのおかげで、「ENIAC」の計算速度は、毎秒五〇〇〇回にまで向上した。それを見たノイマンは、「これで、ようやく私の次に計算の早い機械ができた！」と言ったという。

一九四四年の夏から秋にかけては、原爆設計の最終段階に差し掛かり、ノイマンは、爆縮設計の責任者として超多忙だった。彼の自由時間は、プリンストンとロスアラモスを往復する列車の中だけだったが、そこで彼は、コンピュータの「論理構造」を考え続け、手書きのメモを何枚も書いた。

そのメモを受け取ったゴールドスタインは、一〇一ページのタイプ原稿にまとめた。そこに描かれているのは、ハードウエアとソフトウエアの分離した、かつて人類史上に存在したことのない、まったく新たな機械の定式化だった。

その後、この定式化が「バイブル」となって、世界中に「ノイマン型」コンピュータが誕生することになったわけである。

ブレッチリー・パーク

イギリス情報局秘密情報部を取り仕切った海軍大将ヒュー・シンクレア卿は、イートン荘園の一部であったブレッチリー・パークを拠点にした。ヴィクトリア風の大邸宅と広大な土地があり、主要大学のあるロンドンとオックスフォードとケンブリッジを結ぶ鉄道の中継点でもあったからである。

この情報部に赴任した天才数学者アラン・チューリングが、「難攻不落」と呼ばれたドイツ軍の暗号機「エニグマ」の解読を成功させたことは、すでに述べたとおりである。

具体的に、チューリングが開発したのは、三六機のエニグマの動作を同時にシミュレートできる暗号解読機「ボンブ」である。作業員は、与えられた暗号文に対して、最も適切と思われるドイツ語を当てはめる形にローターの配置を変えていき、最終的に暗号文全体を解読するという方法だった。

このボンブの数が増えるにしたがって、暗号解読作業員の数も増加した。この仕事を担当したのは、イギリス海軍の女性士官で、最終的には二〇〇〇人の女性がボンブを操作するために赴任した。ブレッチリー・パークは、広大な「暗号解読工場」であると同時に「女性の花園」となった。

当初から暗号解読に携わっていた数学者サラ・ノートンによると、チューリングは「ハンサムで女性たちの注目を浴びていた」が、「非常な恥ずかしがり屋」で「女の子を怖がっていたようだ」と証言している。廊下で若い女性の集団とすれ違う時など、チューリングは「目を伏せて横にずれながら、よろよろと歩いて行った」とも述べている。

そのような状況の中で、二九歳のチューリングが恋したのは、同じ部署で仕事をしていた優秀な数学者ジョーン・クラークだった。一九四一年八月、二人は婚約し、一緒に休暇をとって北ウェールズに旅行して、数日間を共に過ごした。その後、チューリングは、彼女との婚約を破棄した。

この旅行中にチューリングは自分が同性愛者であることを告白し、クラークは、それを受け入れて結婚することを望んだが、チューリングはその道を選ばなかったという。

情報部に戻ったチューリングが取り掛かったのは、「ボンブ」を改良して、人間の手を加える必要がない「全電子式暗号解読機」を製造することだった。

しかし、当時の技術力で大問題となったのは、そのために用いられる真空管のフィラメントが熱で簡単に切れることだった。数多くの真空管を使う機械になると、切れた真空管を探して交換するだけでも一仕事になる。この問題を解決したのが、技術者のトーマス・フラワーズだった。

コロッサス

フラワーズは、一九〇五年にロンドンのイーストエンドで生まれた。父親は煉瓦職人、祖父は密猟で刑務所に収監され、母と祖母はメイドとして働いていた。極度の貧困生活のなかで、機械工の見習いをしながらロンドン大学の夜間コースで電気工学を学び、ロンドン郵便局の電気通信部門で働いていた人物である。

フラワーズは、ブレッチリー・パークに集結した研究者たちとはまったく異なる「階級」の出身だった。しかし、なぜかチューリングはフラワーズと会った瞬間から意気投合し、彼を自分のチームの主任技術者に抜擢して迎えた。

フラワーズは、真空管のフィラメントが切れるのは、電源を切り替える際にフィラメントに負荷がかかることが原因であり、電源を切り替えずに微弱電流を流し続けていれば、フィラメントの信頼性は飛躍的に高くなると考えた。

彼は、その方法を使えば真空管を一〇〇〇本から二〇〇〇本組み合わせることも可能だと主張し、チューリングの「全電子式暗号解読機」を製造できると提案した。

ブレッチリー・パークの上層部は、チューリングとフラワーズの「突飛な提案」を承認しなかったが、チューリングは、いろいろな部門に頭を下げて経費をかき集めてきた。フラワーズの製造チームは、「目玉が落ちるほど」苦労して、「通常ならば三年から五年かかる仕事」を一〇ヵ月でやり遂げた。

一九四三年一二月、世界最初の「全電子式暗号解読機」の試作品が完成した。その名前が「コロッサス」(巨像)であることからもわかるように、研究室全体を占める真空管は一八〇〇本であり、重量は一トンだった。

コロッサスへの入出力は穿孔《せんこう》テープで行った。その機械には、「制御回路・並列処理・割り込み・ループ・クロックパルス」といった、現代のコンピュータで用いられているような基本構造が組み込まれていた。

その目的が暗号解読だけに特化していたとはいえ、一九四四年八月に試作品の完成するアメリカの「ＥＮＩＡＣ」よりも半年以上前の話である。コロッサスこそが世界最初の「全電子式コンピュータ」だと主張する科学史的見解があるのも無理はない。

ところが、すでに述べたように、チューリングとフラワーズの大成功は、一九七〇年代まで覆い隠された。イギリスでは、コロッサスに関連するあらゆる情報が「最高国家機密」に指定されたためである。関係者には徹底した機密保持が命じられ、これに違反した場合は、「国家反逆罪」で死刑になる可能性もあった。

ウィンストン・チャーチル首相は、戦争中に何度かブレッチリー・パークを極秘訪問して、暗号解読チームのことを「金の卵を産むガチョウ」と呼んで、激励していた。しかし、第二次大戦が終結すると態度を豹変させて、一〇機製造されていたコロッサスのうち、二機だけを残して、他のすべてを解体するように命令した。

チャーチルが極度に恐れていたのは、「全電子式暗号解読機」の情報が他国に流出することだった。とくに彼が警戒していたのは、ソ連である。そのため彼は、コロッサスの設計図や関連文書をはじめ、「残った部品は、それが何に使われたか分からないように徹底して破壊せよ」と厳命した。

ＥＤＶＡＣ

一方、アメリカ合衆国では、数学者であり、陸軍中尉でもあるハーマン・ゴールドスタインがコンピュータ開発プロジェクトを推進した。彼の下で、工学者のジョン・エッカートとジョン・モークリーがペンシルベニア大学で「ＥＮＩＡＣ」の試作品を設計し、ノイマンの助言によって、その計算能力が飛躍的に向上したことも、すでに述べたとおりである。

原爆投下を目前にして、ロスアラモスの業務に忙殺されていたノイマンは、仕事の合間にコンピュータの「論理構造」を考察し続け、手書きメモをゴールドスタインに送った。一九四五年六月、ゴールドスタインは、それらのメモを『第一草稿（First Draft of a Report on the EDVAC)』と題する一〇一ページのタイプ原稿にまとめた。もちろん、その著者名は、「ジョン・フォン・ノイマン」になっている。

「ＥＤＶＡＣ（Electronic Discrete Variable Automatic Computer)」は、「ＥＮＩＡＣ」の後継機として開発されるコンピュータの名称である。ここでノイマンは、「入力（Input)→中央処理装置（CPU: Central Processing Unit)→出力（Output)」という現代のコンピュータの根本となる「ノイマン型アーキテクチャー」を設計した。

「中央処理装置」は、「制御装置（CU: Control Unit)」、「算術論理演算装置（ALU: Arithmetic and

Logic Unit)」、「記憶装置（MU: Memory Unit）」によって構成される。そこで重要なのは、「記憶装置」が「プログラム内蔵方式（Stored Program Method）」になっている点である。

かつて人類史上に存在した機械の大部分は、各々が特定の目的を果たすために制作されてきた。たとえば、時間を示すのは「時計」、計算するには「計算機」、写真を撮るためには「カメラ」を使う。複雑な弾道計算のできる「微分解析機」や、暗号解読を行う「コロッサス」も、ある特定の目的を果たすために制作されたという意味では、同等である。

それに対して、現代の「スマートフォン」には、「電話」の機能はもちろん、「時計」・「計算機」・「カメラ」に加えて、「メール」・「カレンダー」・「ゲーム」など数多くのソフトが組み込まれ、ボタン一つを押すだけで、一台の機械が多彩な目的を果たす機械に早変わりする。

要するに、同じハード（機械）を使いながら、ソフト（プログラム）を変換すれば、多目的に対応することができる。その「プログラム内蔵方式」の概念を史上最初に明確に定式化したのが、ノイマンだったのである！

ゴールドスタインは、ノイマンの『第一草稿』を謄写版で印刷し、軍部と政府の関係者や、アメリカ各地の研究者に配布した。この草稿が瞬く間にヨーロッパに伝播《でんぱ》し、その後のコンピュータ開発の「バイブル」になったわけである。

ところが、エッカートとモークリーは、『第一草稿』に自分たちの名前が入っていないのは「不公平」だと激怒した。彼らは、「ノイマンは、我々が工学的に組み立てた電子回路を数学的な言葉で書き換えただけで、設計の功績は我々にある」と主張した。

たしかに、彼らが工学的な設計に多くの工夫を凝らしたことは事実だが、その全体像をまったく斬新な概念で定式化したのは、ノイマンである。彼の天才的発想がなければ、「ノイマン型アーキテクチャー」は完成しなかったに違いない。

実は、エッカートとモークリーは、コンピュータの特許権を取得して、巨万の富を得ることを夢見ていた。しかし、ペンシルベニア大学のプロジェクトは、陸軍の資金援助によって成立している。だからこそ、ゴールドスタイン中尉は、陸軍顧問のノイマンに助言を求めたわけである。

ゴールドスタインが『第一草稿』をタイプした時点では、戦争が継続中であり、原爆設計に必要な新たな計算機を開発するために、ノイマンの定式化を早急にまとめて、陸軍に提出する必要があった。だから彼は、タイプ原稿に『第一草稿』という表題を用いたのであって、続く改訂版では、主要関係者の功績についても詳細を言及していく予定だった。

一九四六年三月、ペンシルベニア大学は、「戦時下のコンピュータ開発プロジェクトにおける発明の特許権を、すべて大学に譲渡する」という協定書に署名するように関係者全員に要求した。この文書への署名を拒否したエッカートとモークリーは、大学を辞職せざるをえなくなった。二人は新たに会社を設立して、「EDVAC」の特許権を主張した。

一方、資金援助していた陸軍の法務部は、その資金によって生じた成果として、通常の手続きによる特許を申請した。というわけで、陸軍と大学と会社の三者が「EDVAC」の特許権を主張することになったのである。三者の代理人弁護士は何度も会合を重ねたが、各々の主張は変わらず、事態は紛糾するばかりだった。

一九四七年四月八日、陸軍兵器局長官の要請により、「EDVAC特許に関する調停」を目的とする会議が開かれた。ここに陸軍とペンシルベニア大学の代表者、ノイマン、ゴールドスタイン、エッカート、モークリーが一堂に集まった。

そこで誰もが認めざるをえなかったのが、「EDVAC」に関する『第一草稿』が、一年半前に出版されて、すでに世界中で読まれている「公刊物」だという事実である。つまり、『第一草稿』の内容は、すでに法律上は「私的」な特定の特許の対象とみなすことができない。よって、エッカートとモークリーも、ノイマンとゴールドスタインも、大学と陸軍も、「誰も特許権を主張することはできない」という決定が下されたのである！

あまり注目されていないが、この会議における決定は、科学史上でも「画期的」なものである。なぜなら、この決定によって、世界中の誰もが『第一草稿』に表現された「ノイマン型アーキテクチャー」を、特許権などいっさい気にすることなく、完全に自由に使用できるようになったからである。

ノイマンを巡る争奪戦

第二次大戦が終結して世情が落ち着き、ノイマンの『第一草稿』が広まるにつれて、さまざまな大学がノイマンを招聘しようと声を掛けるようになった。彼らは、プリンストン高等研究所にコンピュータを開発するような「実験室」がないことを見越していたからである。

もし世界的に有名なノイマンを招聘できて、新たなコンピュータを開発できれば、まさに「一石二鳥」である。その宣伝効果は絶大であり、他の大学に対して、圧倒的に優位な立場に立つことができる。彼らは、ノイマンを獲得するためには「今こそが絶好のチャンス」だと考えたわけである。

マサチューセッツ工科大学は、ノイマンを「学部長クラス」の地位で迎え、彼がコンピュータを開発するために必要とみなす「大学の所有するすべての資源を自由に使用する権限」を与えると保証した。コンピュータ開発という観点からすれば、優秀な制御工学と計算機科学の人材や設備を備えるマサチューセッツ工科大学に勝る大学は、ほとんど考えら

アメリカ哲学会で「コンピュータとは何か」を講演するノイマン（1954年）

れない。

ノイマンは、学長との最終面接を終えて、承諾寸前まで話を進めた。年俸は、当時の大学教授としては破格の一万五〇〇〇ドルである。長期にわたってノイマンの招聘に手を尽くしてきた数学者ノーバート・ウィーナーは、「ジョニーがたった今面接を終えて、帰ったところだ。もう、ほとんど間違いない。私たちの成功を誰もが喜んでいる」と書き残している。

シカゴ大学は、新たに「応用数学研究所」を設立して、ノイマンに人事や研究方針を自由に裁量できる「所長」の地位を提供しようとした。戦後、ロスアラモス国立研究所にいた多くの研究者たちが、シカゴ大学の「原子核研究所」にポストを得ていた。ノイマンと話の合う物理学者エンリコ・フェルミの名を冠した研究所である。マンハッタン計画を一緒に推進した仲間たちと研究を続けるという意味では、シカゴ大学で研究所長になるのがベストだった。

ハーバード大学の学長ジェームズ・コナントは、プリンストン高等研究所の所長フランク・エイデロッテに、丁重な書簡を送った。彼は「私たちは、貴研究所のフォン・ノイマン教授に重大な関心を抱いております」と述べ、「どのようにすれば私たちが彼を獲得できるのか教えていただきたいのです」と問い掛けている。通常の手段ではノイマンを獲得できそうになかったので、コナントは、ボス同士の話し合いで一挙にノイマンを招聘しようとしたのである。

一方、ノイマンは、居心地のよいプリンストン高等研究所を去る決心がつかなかった。高等研究所は、ヨーロッパから逃れてきたノイマンに終身教授職を提供し、そのおかげでアメリカ合衆国の市民権を取得できたという恩義もある。そこでノイマンは、もし高等研究所でコンピュータを開発できるなら、他からの誘いは断るつもりだと、意図的に数名の同僚に打ち明けた。

一九四五年八月二五日付で、ノイマンの同僚の数学者ジェームズ・アレクサンダーがエイデロッテ所長に書いた手紙は、「どうすればフォン・ノイマンを留めることができるのかという問題が、日に日に切迫してきています」と訴え、「もし彼を失うことになれば、我々にとって大きな悲劇です！」と述べている。

これに対して、エイデロッテ所長は、「フォン・ノイマンがコンピュータを開発するために必要な資金は、私が集めてくる自信もあることを、彼に伝えてもらって構わない」という返信を書いた。

研究者の「楽園」である高等研究所で、「コンピュータ」のような「機械」が組み立てられることは、一部の教授陣から猛反発を招いた。その筆頭がアルベルト・アインシュタインだったが、エイデロッテ所長は、ノイマンを繋ぎとめるためには、どんなことでもする覚悟だったという。

当時の状況を、後にノイマンの助手を務めた工学者ジュリアン・ビゲロウは、次のように述べている。

「このような駆け引きは、フォン・ノイマンが、いわば左手の小指一本でさばいていたことでした。それは、彼が生き抜いていくうえで必要不可欠な交渉術のようなものでした。ただし、彼の残りの指は、もっと重要で実りのある仕事を成し遂げていたのです」

一九四五年の秋学期、高等研究所におけるコンピュータ開発計画は正式に承認され、そのために、毎年一〇万ドルの資金が三年間提供されることになった。一〇月、ノイマンは、資金提供を申し出た海軍のルイス・ストロース准将に、次のような未来を見通した手紙を送った。

「これまでの数学には、計算速度に限界がありましたが、その速度を一万倍以上速くする目途がつきました。そうなると、次のようなことができるようになります。①かつて一人の数学者が一生かけていた計算を一日、しかも午前中に終わらせる。②研究チームが、一〇〇倍の仕事量を一〇〇倍の速度で終わらせる。③これまで想像することさえできなかった新たな研究分野が拓《ひら》けてくる」

『ゲーム理論と経済行動』

アメリカ合衆国の第二次大戦参戦前後、フォン・ノイマンが、陸軍・ホワイトハウス・戦争省に直結する三つの機関の顧問を兼任していたことは、すでに述べたとおりである。

一九四三年には海軍兵器局常勤顧問としてイギリスに出張し、帰国した後は「マンハッタン計画」の原爆設計の中心的指導者となった。プリンストンとロスアラモスを往来する汽車の中では、人類史上初めてコンピュータの基礎概念を示す「ノイマン型アーキテクチャー」の草稿を書いた。

さらにノイマンは、その猛烈に忙しい時期に、後世の「経済学」に大改革をもたらす仕事を完成させているのである！　当時の彼の様子を、彼の妻クララは、次のように述べている。

「ジョニーは、東海岸を北に行ったり南に行ったりして、幾つもの会議を綱渡りのように回ってきた後、夜になって帰宅するのが常でした。家に足を踏み入れるなり、オスカーを電話で呼び出して、それから二人で執筆を始めて、夜中まで作業を続けました」

ノイマン邸に飛んでくるオスカー・モルゲンシュテルンは、ノイマンよりも二歳近く年上のプリンストン大学教授である。彼は、一九三五年に三三歳の若さでウィーン大学教授になった優秀な経済学者だが、一九三八年にオーストリアを併合したナチス・ドイツによって、ウィーン大学を解雇された。

彼は生粋のドイツ人であり、母親はドイツ帝国皇帝フリードリヒ三世の庶子だったが、ユダヤ人研究者が多かった「ウィーン学団」に所属していたため、「政治的に不適切」とみなされたのである。

モルゲンシュテルンは、ノイマンが一九二八年に発表した「ゲーム理論」を経済学に応用すれば、人間の複雑な経済活動を数学的に厳密に定式化できるのではないかと考えていた。移住した直後、一九三八年にプリンストン高等研究所のノイマンと初めて対面した際、彼はその思いを熱く語った。

ノイマンが著書『量子力学の数学的基礎』で量子論を数学的に厳密に定式化したこと

は、すでに述べたとおりである。物理学と同じように、経済学を数学的に厳密に定式化できれば、後世に残る大事業になる。意欲をそそられたノイマンは、モルゲンシュテルンと共著書を執筆することに合意した。

一九四〇年に始まった二人の執筆作業は、ノイマンに次から次へと戦時任務が入ってきたため、何度も中断を余儀なくされた。ところが、クララによれば、ノイマンは、まさにコンピュータのように、常に進行状況を正確に記憶していたという。「二人は数週間会えないこともありましたが、ジョニーはいつも、執筆に戻った瞬間、前回終わった場面から即座に作業を再開できました。それは、前回の作業の後、まるで何も起こらなかったかのようでした」

二人の五年に及ぶ共同作業の成果として、第二次大戦中の一九四四年にプリンストン大学出版局から発行されたのが、『ゲーム理論と経済行動』である。この英文六四〇ページの「記念碑的著作」において、ノイマンとモルゲンシュテルンは、「二人零和《ゼロサム》ゲーム」を「n人零和ゲーム」に拡張し、さらに難解な「n人非零和ゲーム」の定式化に到達している。

一九八九年に発行された『ジョン・フォン・ノイマンと現代経済学』という論文集には、ノーベル経済学賞を受賞したケネス・アローとポール・サミュエルソンをはじめとす

64　DESCRIPTION OF GAMES OF STRATEGY

all those of $\mathcal{B}$—which are not empty. This again is clearly a partition, the *superposition* of $\mathcal{A}$, $\mathcal{B}$.[1]

Finally, we also define the above relations for two partitions $\mathcal{A}$, $\mathcal{B}$ *within* a given set C.

(8:B:e) $\mathcal{A}$ is a *subpartition* of $\mathcal{B}$ *within* C, if every A belonging to $\mathcal{A}$ which is a subset of C is also subset of some B belonging to $\mathcal{B}$ which is a subset of C.

(8:B:f) $\mathcal{A}$ is *equal* to $\mathcal{B}$ *within* C if the same subsets of C are elements of $\mathcal{A}$ and of $\mathcal{B}$.

Clearly footnote 3 on p. 63 applies again, *mutatis mutandis*. Also, the above concepts within Ω are the same as the original unqualified ones.

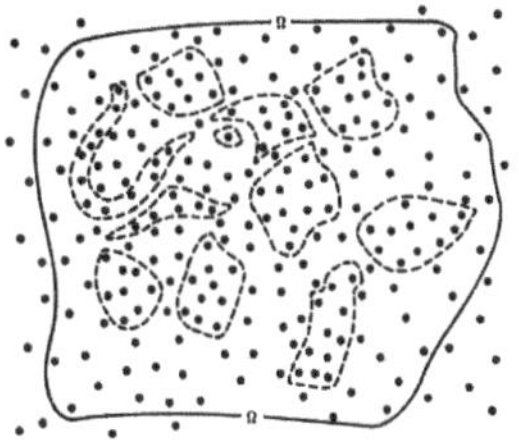

Figure 4.

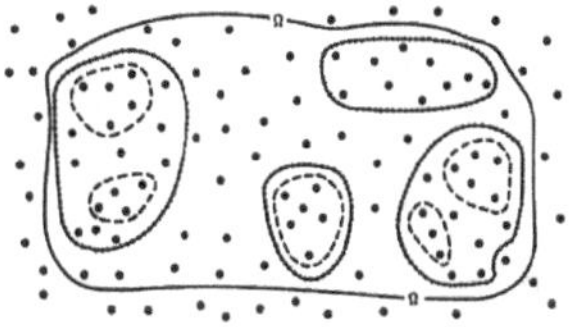

Figure 5.

8.3.2. We give again some graphical illustrations, in the sense of 8.2.3.

We begin by picturing a partition. We shall not give the elements of the partition—which are sets—names, but denote each one by an encircling line ——— (Figure 4).

We picture next two partitions $\mathcal{A}$, $\mathcal{B}$ distinguishing them by marking the encircling lines of the elements of $\mathcal{A}$ by - - - and of the elements of $\mathcal{B}$ by

[1] It is easy to show that the superposition of $\mathcal{A}$, $\mathcal{B}$ is a subpartition of both $\mathcal{A}$ and $\mathcal{B}$—and that every partition $\mathcal{C}$ which is a subpartition of both $\mathcal{A}$ and $\mathcal{B}$ is also one of their superposition. Hence the name. Cf. *G. Birkhoff*, loc. cit. Chapt. I–II.

『ゲーム理論と経済行動』に登場する「象（Figure 4.)」の図。クララは、あまりに仕事に没頭するノイマンを心配して「その論文に象が入っていないなら、仕事を止めてちょうだい！」と言った。「仕事を止めて」と命令形で言うのではなく、「その論文に象が入っていないなら」（もちろん入っているはずがない）**とジョークで抑えた仮定形で頼んだわけである。ところが、茶目っ気のあるノイマンは、実際に著作に「象」の図を入れてしまった！**

る一一人の経済学者が、フォン・ノイマンの「経済拡大モデル」（EEM: Expanding Economy Model）をテーマに論じている。彼らに共通する認識は、「フォン・ノイマンは、経済学における分析方法を根底から変えた」ということである。

サミュエルソンは、彼が人生で出会った中でノイマンは「最も心の動きが速い天才」だと認め、「比類なきジョン・フォン・ノイマン」と呼んで敬意を表し、「私たちの専門分野なのに、彼は少し顔を出しただけで、経済学を根本的に変えてしまったのです！」と述べている。

ゲーデルの昇格人事

そのノイマンが、「二〇世紀最高の知性」と呼ばれるたびに、「それは自分ではなくゲーデルだ」と返答するほどに高く評価していたのが、一九三一年に「不完全性定理」を導いた論理学の天才クルト・ゲーデルであることも、すでに述べた。

ノイマンが手を尽くしたおかげでヨーロッパから命からがら脱出できたゲーデルは、一九四〇年にプリンストン高等研究所の一般研究員となった。ただし、彼の契約は、年俸四〇〇〇ドルの契約書を毎年更新するという不安定なものだった。

一九四五年九月、第二次大戦が終結してプリンストン高等研究所に戻ったノイマンは、最初にゲーデルの昇格人事議案を教授会に提出し、「ゲーデルほどの優れた人物を現在の条件で雇用し続けることは、無礼であり品位にも欠けます」とまで強く主張して、彼の昇格を迫っている。

ゲーデルには「鬱病と人格異常」の持病があり、教授陣は、彼の精神状態に不安を抱いていた。ゲーデルは、「アパートのヒーターが毒ガスを放出している」と頑固に言い張って、ついにヒーターを撤去し、冬は極寒の部屋で生活していた。

高等研究所長のフランク・エイデロッテが、ゲーデルの精神科主治医マックス・グルエンタールに対して、彼の精神状態を問い合わせた手紙が残っている。「とりわけ我々が教えていただきたいのは、ゲーデル博士の病気が凶暴性を帯びる可能性があると先生が診断されるか、という点です」

グルエンタール医師は、「そのようなことはないと私が保証します」と返信し、少なくともゲーデルが研究所で突然暴れ出すのではないかという教授陣の不安は、払拭された。

それでもノイマンの議案に積極的に賛成したのは、常々「私が研究所に行くのは、ゲーデルと散歩する恩恵に浴するためだ」と公言していた彼の親友アルベルト・アインシュタインと、ゲーデルと同じウィーン大学出身で境遇の似たモルゲンシュテルンだけだった。

そこでノイマンが味方につけたのが、エイデロッテ所長である。当時は、ノイマンの

『第一草稿』が一世を風靡《ふうび》し、彼の「争奪戦」が起こっていた時期である。ノイマンを繋ぎとめるためには、どんなことでもする覚悟だったエイデロッテは、譲歩せざるをえなかっただろう。

というわけで、ゲーデルは一九四五年一二月、ようやく「終身研究員」に就任し、年俸は六〇〇〇ドルになった。ただし、それでもゲーデルは、この時点では、ノイマンが二九歳で任命されていた「終身教授」になれなかった。

実は、ゲーデルの教授昇格に強く反対したのは、数学者のヘルマン・ワイルとカール・ジーゲルだったことが明らかになっている。ワイルは、ゲーデルの最高の研究はすでに過去のものだと批判し、変り者の整数論学者ジーゲルは、「教授会に狂人は私一人で十分だ」と言って反対したという。

その後もノイマンは、「ゲーデルが教授でないのに、どうして我々が教授でいられるだろう」と何度か議案を提出したが、ゲーデルの昇格人事は、ワイルとジーゲルが一九五一年に研究所を去るまで見送られた。結果的にゲーデルが「終身教授」に昇格したのは、一九五三年、四七歳になってからだった。

「数学者」

一九四六年春、四二歳のノイマンはシカゴ大学を訪れ、「数学者」というテーマで講演した。日頃は、最先端の専門研究者としか議論しなかったノイマンが、「数学」に対する彼の見解を一般聴衆にわかりやすく述べたという意味で珍しい講演であり、その記録は、彼の生前の著作をまとめた英語版『フォン・ノイマン著作集』（全六巻）第一巻の巻頭を飾る貴重な作品である。この講演録は、拙著『ノイマン・ゲーデル・チューリング』（筑摩選書）に全文を訳出してあるので、ご参照いただきたい。

この講演で、ノイマンは、落ち着いたタッチで「数学」の過去を振り返り、現在の問題点を冷静に分析し、未来への警告を発している。彼が「数学」の本質をどのように認識していたのか、おおまかに説明しよう。

ノイマンは、まず「数学における最高のインスピレーションが経験から発生した」と主張し、それを「幾何学」と「微分積分法」の二つの数学的成果から歴史的に丁寧に例証する。

次に、二〇世紀初頭に生じた「数学の危機」に対して、「直観主義」から「ヒルベルト・プログラム」、さらに「ゲーデルの不完全性定理」に至る彼自身の意識の変遷のなかで、「絶対的な数学的真理というものについて、恥ずかしくなるくらい簡単に自分自身の考えが変化した体験」を率直に語っている。

すでに述べたように、ノイマンは、第二不完全性定理を独立して証明していたにもかかわらず、ゲーデルが先に論文を書いたことを知って、潔く発表を諦めた経緯がある。その後のノイマンは、二度と数学基礎論に戻ることなく、量子論とゲーム理論、コンピュータ開発といった応用数学に突き進んでいった。数学の起源を「経験」に求める彼の立場には、彼の実体験が影響しているのかもしれない。

ノイマンが誰よりも高く評価していたゲーデルは、集合や概念などの「数学的対象」が「人間の定義と構成から独立して存在する」こと、そして、そのような実在的対象を仮定することは、「物理的実在を仮定することと、まったく同様に正当であり、それらの実在を信じさせるだけの十分な根拠がある」と信じていた。

ところが、ノイマンは、ゲーデルの「数学的実在論」に真正面から対立して、「あらゆる人間の経験から切り離したところに、数学的厳密性という絶対的な概念が不動の前提として存在するとは、とても考えられない」と断言している。ノイマンは、数学は、あくまで人間の経験と切り離せないという「数学的経験論」を主張しているわけである。

さらにノイマンは、数学が「審美主義的になればなるほど、ますます純粋に『芸術のための芸術』に陥らざるをえない」と皮肉を述べ、「結果的にあまり重要でない無意味な領域に枝分かれし、重箱の隅のような些事《さじ》と煩雑さの集積に陥るようであれば、それは大きな危険と言えます」と警告する。

ノイマンの講演は、実に簡潔明瞭で、文学的にも洗練された印象を受ける。たとえば「何事も始まるとき、その様式は古典的です。それがバロック様式になってくると、危険信号が灯《とも》されるのです」という言葉は、ノイマンのように幅広い教養がなければ発することのできないものだろう。

要するに、ノイマンは、「純粋数学」の限界を見極めて、「応用数学」の重要性に目を向けるべきだと主張しているわけである。「経験的な起源から遠く離れて『抽象的』な近親交配が長く続けば続くほど、数学という学問分野は堕落する危険性がある」というのが、ノイマンが未来の「数学」に強く抱いていた危機感だったのである。

早熟の神童ウィーナー

さて、ノイマン以上に「早熟の神童」として知られるのが、ノーバート・ウィーナーである。彼は、一歳六ヵ月のとき、ベビーシッターが浜辺にアルファベットを書いているのを見ているうちに、読み書きを覚えたという。三歳で専門書を読み始め、五歳でギリシャ語とラテン語を習得した。七歳で高校レベルの数学と化学、九歳で物理学と生物学を理解して高校に特別入学し、一一歳でタフツ大学に入学した。

ウィーナーの父親は、ハーバード大学講師のスラブ語学者である。彼は、息子が生まれた時点で徹底した英才教育を施すことを決意し、人工的に「神童」を創りあげた。

ウィーナーは、一四歳でタフツ大学を卒業してハーバード大学大学院に進学、一八歳で数理論理学の博士号を取得した。その後、ヨーロッパに留学し、ケンブリッジ大学の論理学者バートランド・ラッセルとゲッチンゲン大学の数学者ダフィット・ヒルベルトの下で研究を続けた。

一九一九年、二四歳のウィーナーは、マサチューセッツ工科大学数学科の講師となった。ただし、彼の講義は非常に評判が悪かった。彼は自分には明らかな部分を何段階も飛ばして説明するため、学生は彼の証明を辿ることができなかったからである。ウィーナーは、ノイマンと違って、他者の理解や認識について推量できないタイプの天才だった。

彼が、数学の授業中、ある定理について、「それは明らかだ」と言ったことがある。学生が手を挙げて、その定理はなぜ明らかなのかと尋ねた。「その定理は、なぜ明らかなのか？」ウィーナーは、しばらく考えた後、教室を出て歩き回り、約二〇分後に戻って来て言った。「やはり、それは明らかだよ」それ以上何も説明することなく、彼は講義を続けた。

ウィーナーが、教室に入ってくるなり黒板に大きく「4」と書いて、そのまま出て行ったことがある。この数字は何を意味するのか？　教科書4ページ？　問題を4問解けという意味か？　学生たちは話し合ったが、見当がつかない。意を決した学生の代表が研究室のウィーナーに聞きに行くと、それは「学会出張のため、4週間大学を離れるから、この講義から4回休講が続く」という意味だった！

この種の逸話は、いくらでもある。ある日の午後、ウィーナーが大学構内を歩いていた。大学院生が、「先生はもう昼食をお取りになりましたか？」と尋ねた。ウィーナーは答えた。「さて、どちらだったかな。君が私を呼び止めたとき、私はどちらの方向に向かって歩いていたかね？」

ウィーナーは、視力が非常に弱かった。それに関連して、引越し日の有名な逸話がある。彼の妻マーガレットは、「ねえノーバート、今日は引越しよ。あなたは講義が終わって大学から出たら、バスBに乗るのよ。いつものバスAじゃないのよ！」と言った。ウィーナーは「わかったよ」と答えた。

その日の講義を終えたウィーナーは、いつものようにバスAに乗って彼の元の家に戻り、空き家になっていることを発見した。そこで、ようやくその日が引越しであることを思い出した彼は、再び大学に戻って、今度はバスBに乗り、妻に言われていたとおりの停留所に降りた。

ところが彼は、新しい家の住所を覚えていなかった。しばらくの間、あちこち歩き回ってみたが、徐々に日も暮れていく。彼は、道を歩いて来た少女を見つけて尋ねた。

「すみませんが、ひょっとしてウィーナーさんのお住まいをご存知ではないですか？」

少女は答えた。

「何言ってるの、パパ。私が新しいお家に連れて行ってあげるわ！」

サイバネティックス会議

ウィーナーは、九歳年下のノイマンのことを非常に高く評価していた。一九三七年四月、メリーランド州のジョンズ・ホプキンズ大学へ講演に行く途中には、プリンストンのノイマン邸を訪れ、話が弾んで四日間も続けて滞在している。

当時、中国北京市の清華大学で一年間の研究を終えたばかりだったウィーナーは、ノイマンにも中国行きを勧め、清華大学学長宛に推薦状を書いている。

「先週、私はフォン・ノイマン教授夫妻に招待されてプリンストンに滞在しました。夫妻は、機会があれば中国を訪問したいそうです。フォン・ノイマンは、世界で一、二を争う優秀な数学者であり、民族や人種に対する偏見は少しも持っていません。貴校の若い研究者は、彼からすばらしい刺激を受け、研究成果を上げることに間違いありません」

その後、日本軍が中国に侵攻したため、ノイマンの中国訪問の話は立ち消えになった。次にウィーナーは、ノイマンをマサチューセッツ工科大学に招聘しようと何度も画策した。一九四五年には学長面接までこぎつけて、ノイマンの承諾寸前まで説得を続けたことは、すでに述べたとおりである。

当時のノイマンは、機械のコンピュータを人間の頭脳に近づける方法を模索していたが、ウィーナーは、逆に生物の神経系から出発して、同じ構造を持つ機械を生み出そうと考えていた。この二人の天才が、正反対の方向から生命と機械の融合を目指した点が、非常に興味深い。

ウィーナーは、制御工学と計算機科学に神経生理学や情報科学の専門家を集めて、通信と制御を同時に操る「サイバネティックス」(cybernetics)と呼ばれる学問分野を創始した。彼は、この言葉をギリシャ語の「キベルネテス」(舵を取る者)から思い付いたと述べている。英語の「コントロール」よりも広い意味で、あらゆる刺激に組織的に反応する生命や機械を指す。「サイボーグ」(人造人間)や「サイバー・スペース」(電脳空間)のような用語は、そこから派生している。

一九四六年三月八日、ウィーナーは、二一人の多彩な分野の科学者を集めて、「第一回サイバネティックス会議」をニューヨークで開催した。ノイマンが「コンピュータの機能と将来性」、ウィーナーが「生命の目的構造とフィードバック」について講演し、二人は大喝采を浴びた。

二人の天才を中心とするサイバネティックス会議は、時代を先取りする「新規性」と幅広い学問分野を統合する「学際性」で大いに評判になった。その後八年間、この会議は一〇回にわたって開催された。

第７章　フォン・ノイマン委員会

アイゼンハワー大統領から「合衆国自由勲章」を授与されるノイマン(1956年2月15日)

明日爆撃すると言うなら、なぜ今日ではないのかと私は言いたい！

ジョン・フォン・ノイマン

彼は、人間よりも進化した生物ではないか？

ハンス・ベーテ

MANIAC

一九四六年三月、プリンストン高等研究所でコンピュータ開発が始まった。このプロジェクトのためにジョン・フォン・ノイマンがスカウトしたのは、戦争終結によって軍務から解放された数学者のハーマン・ゴールドスタインと情報科学者のアーサー・バークスである。

ゴールドスタインとバークスには、研究用に二一九号室が与えられた。当時の高等研究所は、戦争から戻ってきた若い研究者が連日のように詰めかけ、廊下まで人が溢れている状態だったが、この部屋だけがポッカリ空いていた。

実は、その部屋は、クルト・ゲーデルの二一七号室の隣で、本来はゲーデルの秘書が使用するための小部屋だった。しかし、極度に他人を警戒するゲーデルが秘書を置かなかったため、空室になっていたのである。つまり、ゲーデル本人は何も意図していなかったが、彼は、結果的にノイマンのプロジェクトに大いに貢献することになったわけである。

ゴールドスタインとバークスは、ノイマンの『第一草稿』を練り直して「制御装置・算術論理演算装置・記憶装置」の設計を最も効率的に具体化するための原稿を書き上げた。この原稿をノイマンが監修して簡潔にまとめたのが、『電子式計算装置の論理設計に関する予備的考察』である。

この五四ページの報告書は、『予備的考察』とタイトルは謙虚だが、巻末には二進法の「機械語」による二一種類の「命令コード」が付記されている。マシンが完成しさえすれば、即座に入力できるほど完成度の高い内容だった。

一九四六年六月二八日、ノイマンらは『予備的考察』を公表し、政府・軍・大学・研究機関の関係者に一七五部を配布した。その後も謄写版が擦り切れるまで増刷を続け、一九四七年九月二日には「第二版」を発表した。科学史家ジョージ・ダイソンは、「この報告書ほど長期にわたって大きな影響を及ぼし続けた技術文献は、他に存在しない」と述べている。

実際のコンピュータの組み立ては、高等研究所地下のボイラー室で始まった。その後、「研究所の森」の中に専用の平屋建物が設置され、一九五二年六月、ついにノイマンの待ち望んだ「高等研究所（ＩＡＳ）マシン」が完成した。

「ＩＡＳマシン」の別名は「ＭＡＮＩＡＣ」である。これは、「ＥＮＩＡＣ」が故障するたびに、激怒した技術者たちが付けたニックネームだった。おそらく、この「ＭＡＮＩＡＣ」が完成するまでの六年間には、さまざまな興味深い出来事があったに違いない。その中枢にいたのが、バークスである。

今となって私が残念でならないのは、せっかくミシガン大学大学院でバークス教授の最終年度のクラスに入り、何度も研究室やパーティでお会いしていたのに、ノイマンのことを何も尋ねなかったことである。もちろん、当時の私は、自分が将来ノイマンのことを書くなどとは、想像もしていなかったわけだが……。

さて、コンピュータの特許権を競った陸軍、ペンシルベニア大学、ジョン・エッカートとジョン・モークリーの設立した会社に対して、「誰も特許権を主張することはできない」という決定が下されたことは、すでに述べたとおりである。

ここで重要なのは、ノイマンが最初からコンピュータに関する特許権をいっさい主張することなく、すべてを「学術研究」の一環として公開すべきだと主張し続けた点である。

このように、科学の進歩を何よりも最優先しようとするノイマンの方針は、放射線医学の発展のために「ラジウムの抽出法」を特許申請しなかったキュリー夫妻や、「あらゆる科学的事実を科学者が共有すべきだ」と主張して、「核分裂」の事実を包み隠さずに公表したニールス・ボーアとエンリコ・フェルミの姿勢に共通している。

一九四七年六月、ノイマンとゴールドスタインとバークスの三名は、「『予備的考察』に含まれる任意の特許化可能な内容が、一般に公開される（パブリック・ドメインとされる）ことが、私たちの意図であり、また願望でもあります」と、宣誓証言を行った。

その後、彼らは「IASマシン」に関する技術的な進捗状況を随時公表し続け、そのおかげで、同時期に「プロトタイプ」（試作品）がアメリカの各地で作製されることになった。

陸軍アバディーン性能試験場の「ORDVAC」、ロスアラモス国立研究所の「MANIAC1」、アルゴンヌ国立研究所の「AVIDAC」は、すべて同じ「ノイマン型アーキテクチャー」に基づき、一九五二年から五三年にかけて相次いで完成した。その中でも最もノイマンに敬意を表したマシンの名称は、ランド研究所の「JOHNNIAC」だった！

ランド研究所

第二次大戦後、軍務から解放された多くの優秀な頭脳が、大学や民間企業に流出した。

危機感を抱いた軍は、給料を民間企業並みの「能力給」にして引き留めようとしたが、それでも彼らは、規律の厳しい軍隊に残りたがらなかった。

そこで、政府や軍の仕事に従事する一方で、研究者が大学のように比較的自由に研究に専念できる「シンクタンク」と呼ばれる研究機関が、次々と誕生した。とくに、その後のアメリカ合衆国の政策に大きな影響を及ぼすことになったのが、「ランド（Research And Development）研究所」である。

ランド研究所は、航空機メーカーのダグラス社の研究部門が独立して、一九四八年、カリフォルニア州サンタモニカに設置された。当初は、「大陸間戦争に関する広範な課題について調査研究を行い、その目的のために有益な技術と軍備を空軍に勧告する」ことを目的として、空軍から全面的な資金援助を受けていた。

実際に、ランド研究所が最初に空軍から請け負ったプロジェクトは、合衆国がソ連に核戦争を仕掛ける場合、どこに攻撃地点を設定するのが効率的か、見極める研究だった。

その後、ランド研究所は、ゲーム理論や合理的選択理論、システム分析の専門家が集結し、安全保障から宇宙開発に至るまで、アメリカの政策全般に影響を与える機関となった。

ランド研究所の設立時、研究部門を統括する数学者ジョン・ウィリアムズは、ノイマンに顧問への就任を懇願した。彼は、次のような手紙をノイマンに送っている。

「先生と同じ方向（幅広い意味で）の問題を研究している当方の研究員と、手紙で、もしくは面会して議論していただければありがたいのです。研究所発行の論文と報告書もお送りしますので、ご感想（ご意見、ご不満、ご提案など何でも結構です）をお聞かせいただければ幸いです。実際に先生に割いていただくのは、髭を剃るくらいの時間で結構です」

この作業に対して支払われる顧問料は、月額二〇〇ドルである。つまり、ノイマンは、「髭を剃る時間」で、当時の大学准教授クラスの年俸二四〇〇ドルを稼いだわけである。

一九四九年三月にノイマンが秘書に口述筆記させた手紙の下書きが残っている。「雑務に紛れて返事が遅れてしまいましたが、あと二、三日もすれば、すべて片付くと思います。おやおや、秘書のルイーズが噴き出していますが、これはどうしたことでしょうか？」

この年のノイマンは、プリンストン高等研究所、陸軍アバディーン性能試験場、海軍シルバースプリング兵器局、ワシントン研究開発局、オークリッジ国立研究所、ロスアラモス国立研究所の六ヵ所で役職に就いている。

さらに、ランド研究所に加えて、民間企業のＩＢＭ、ゼネラル・エレクトリック、スタンダード石油のコンサルタントも引き受けていた。秘書からすれば、ノイマンの仕事が

「すべて片付く」ことなど、夢のようなジョークとしか思えなかったので、「噴き出した」というわけである。

ついでに触れておくと、ノイマンには、さまざまな職場で秘書のスカートの中を覗き込む「癖」があった。そのため、机の前を段ボールで目張りする秘書もいたほどだという。

彼の助手を務めたスタニスワフ・ウラムによれば、ノイマンは、スカートをはいた女性が通ると、放心したような表情でその姿を振り返って見つめるのが常であり、それは、誰の目にも明らかな彼特有の「癖」だったと述べている。

常に頭脳を全力回転させていたノイマンの奇妙な「癖」は、彼の脳内に生じた唯一の「バグ」だったのかもしれない。

予防戦争

改めて振り返ると、「マンハッタン計画」は、約三年間に総計二二億ドルの経費で、ピーク時には一二万人の科学者・技術者・労働者をつぎ込んで、原爆を完成させた。この計画に関わったノーベル賞受賞者だけで、二一人にもなる。

責任者のレズリー・グローヴス少将は、ソ連が同じような計画で原爆を開発するには、一五年から二〇年が必要だと考えていた。つまり彼は、一九六〇年代までは、アメリカが優位に世界を攻略できるとみなしていたわけである。

ソ連は、第二次大戦で最も多くの犠牲者を出した。国家は疲弊し、とても新たな戦争に突入する余裕はないはずである。そこで生じたのが、アメリカだけが原爆を保有している間に、ソ連に「予防戦争」を仕掛けるべきだという強硬な意見だった。

一般に「予防戦争」とは、潜在敵国が将来、自国を侵略する機会を「予防」するために、機先を制して潜在敵国に戦争を仕掛けることを意味する。自国が戦力的・時期的に有利な間に、進んで先制攻撃すべきだという考え方である。

第二次大戦が終結したばかりの一九四五年一〇月、ソ連に対して「予防戦争」を実行すべきだと正式に表明したのは、驚くべきことに、後に「核廃絶」を主張するようになるイギリスの哲学者バートランド・ラッセルだった。

ラッセルによれば、終戦後に設立された「国際連合」のような緩い機関では、とても将来の世界平和を保障できない。彼は、連合国が民主的な「世界政府」を樹立し、そこにソ連の加盟を要求するべきだと提案した。

共産党による一党独裁政権の頂点に立ち、恐怖政治でソ連を支配するヨシフ・スターリンが、そんな要求に応じるはずがない。そこで、その拒絶を「開戦の理由」にして「正当な戦争」に踏み込めばよいというのが、ラッセルの主張だった。

ラッセルは、一九四八年五月には、次のように述べている。
「ヨーロッパがソ連に侵略されると、被害は甚大であり、仮にその地を取り返したとしても、決して元の状態に戻すことはできないだろう。知識人は、北東シベリアか白海沿岸の強制収容所に送られ、過酷な環境で大多数は死亡し、生き残った人間がいても、もはや人間性を失った動物にすぎなくなるだろう（ポーランドの知識人がソ連に何をされたか、思い起こしてほしい）」

当時のソ連は、アメリカ・イギリス・フランスの度重なる要求を無視して、ドイツ占領中のソ連軍を撤退させなかった。一九四九年、ドイツは東ドイツと西ドイツという二つの「分断国家」に引き裂かれ、首都ベルリンも東西に分割された。その後、西側への市民の流出を防ぐために東側が張り巡らせた「ベルリンの壁」は、「東西冷戦」の象徴となった。

一九五〇年六月二五日、ドイツと同じように分断された朝鮮半島の北朝鮮が、突然、韓国に侵攻し、朝鮮戦争が勃発した。その背後に存在するのは、もちろんアメリカとソ連の二大強国である。朝鮮戦争は第三次世界大戦に繋がり、ひいては核戦争が勃発するのではないかと、世界は震撼した。

ちょうどこの時期に、ジャーナリストのクレイ・ブレアがノイマンにインタビューした貴重な記事がある。ノイマンは、ラッセルとまったく同じ論法で「一刻も早く世界政府を樹立すべきですが、ソ連の共産主義が世界の半分を支配している限り、それは不可能です。したがって、予防戦争をすることは理にかなっているのです」と冷静に答えている。

さらにノイマンは、「ソ連を攻撃すべきか否かは、もはや問題ではありません。問題は、いつ攻撃するか、ということです」と主張し、「明日爆撃すると言うなら、なぜ今日ではないのかと私は言いたい！　今日の五時に攻撃すると言うなら、なぜ一時にしないのかと私は言いたい！」と述べたという。

このインタビュー記事によって、ノイマンは「マッド・サイエンティスト」の代表とみなされるようになった。スタンリー・キューブリック監督の風刺映画『博士の異常な愛情』は、この発言のノイマンをモデルに「ストレンジラブ博士」を生み出したわけである。

フックス事件

一九四八年、ノイマンの生まれ故郷ハンガリーでは、共産党を母体とするハンガリー勤労者党が一党独裁政権を樹立した。最高権力者になったのは、スターリンを崇拝するマーチャーシュ・ラーコシ共産党書記長である。その翌年には、ソ連が主導する「経済相互援助会議（ＣＯＭＥＣＯＮ）」に加盟し、ハンガリーは完全にソ連の「属国」になってしまった。

この状況が、ノイマンのソ連に対する「憎悪」に繋がったと書いてあるノイマンの伝記や解説書が多いのだが、実はそれよりも遥かに重大な理由があったと考えられる。

一九四九年八月、ソ連がセミパラチンスク核実験場で、核実験に成功したというニュースが、世界を驚愕させた。なぜアメリカの軍部の予想より一〇年も早く成功できたのか。

実は、ソ連は、何も「マンハッタン計画」と同じようにゼロから原爆を開発する必要はなく、その出来上がりの情報だけを入手すればよかったからである。

一九五〇年一月二七日、アメリカの原爆情報をソ連に流していた物理学者クラウス・フックスが、イギリスで逮捕された。この時点で、彼は、イギリスの原子力開発を極秘任務とするハーウェル原子力研究所所長にまで昇りつめていた。

フックスは、一九一一年にドイツで生まれた。父親が神学部の教授を務めるライプツィヒ大学に進学し、二一歳で共産党に入党した。ところが、その翌一九三三年、ナチス党がドイツ国会議事堂の放火は共産党員によるものだと弾圧を始めたため、彼は、共産党員の身分を隠すようになった。

その後、イギリスに留学したフックスは、ブリストル大学大学院で物理学の博士号を取得、さらにエディンバラ大学大学院でマックス・ボルンの助手を務めながら原子核物理学の博士号も取得するという、非常な優秀さを示している。

一九四三年にアメリカに渡り、コロンビア大学研究員として「爆縮」を理論化し、そこで「マンハッタン計画」に関わるようになった。翌年にはロスアラモスに移住し、ハンス・ベーテの下で原爆開発の中枢に関わる任務に就いた。

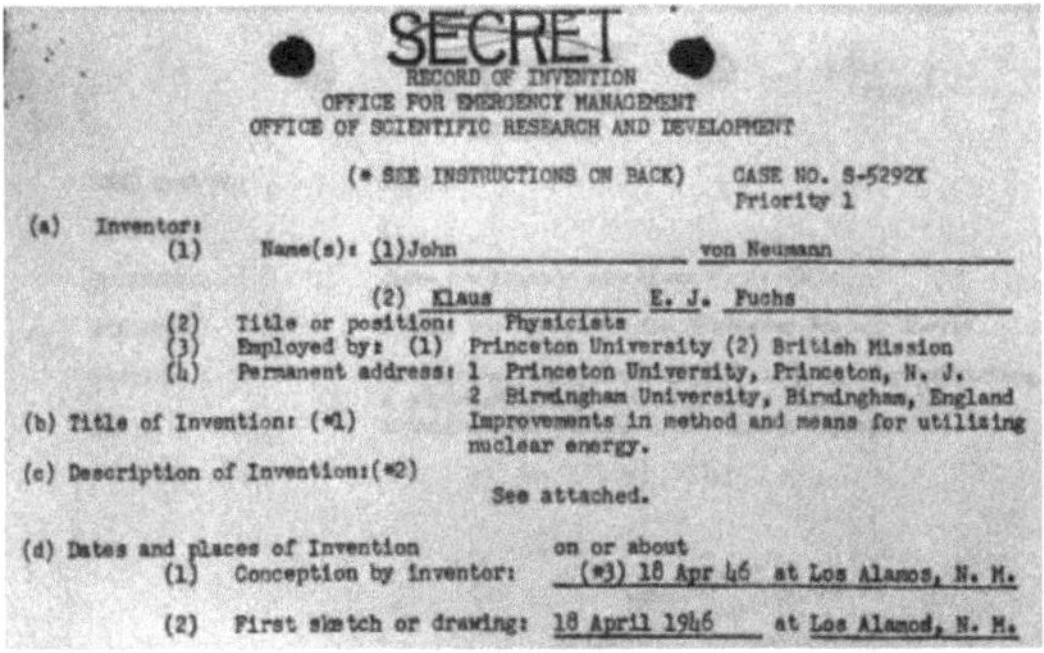
SECRET
RECORD OF INVENTION
OFFICE FOR EMERGENCY MANAGEMENT
OFFICE OF SCIENTIFIC RESEARCH AND DEVELOPMENT

(* SEE INSTRUCTIONS ON BACK)　CASE NO. S-5292X
Priority 1

(a) Inventor:
(1) Name(s): (1)John　von Neumann
(2) Klaus　E. J. Fuchs
(2) Title or position: Physicists
(3) Employed by: (1) Princeton University (2) British Mission
(4) Permanent address: 1 Princeton University, Princeton, N. J.
2 Birmingham University, Birmingham, England
(b) Title of Invention: (*1) Improvements in method and means for utilizing nuclear energy.
(c) Description of Invention:(*2)
See attached.
(d) Dates and places of Invention　on or about
(1) Conception by inventor: (*3) 18 Apr 46 at Los Alamos, N. M.
(2) First sketch or drawing: 18 April 1946 at Los Alamos, N. M.

機密書類「発明記録」（Secret: Record of Invention）**に発明者として、ノイマンとフックスの名前が並んでいる**

　彼は、無口だが陽気で、周囲からの評判はよかった。エドワード・テラーは、「フックスは好人物だった。親切で、有能で、いろいろな仕事にも気配りができたので、ロスアラモスでは人気者だった」と述べている。

　原爆製造が完了した後、ロスアラモス国立研究所では、その特殊技術に関連して、将来の特許取得が見込まれるあらゆる発明について、その詳細を「発明開示書（Disclosure of Invention）」と呼ばれる機密書類にリストアップした。

　この書類を作成するためには、原爆製造に関連する主要分野に精通し、発明の内容を精密に分析できる人物が必要である。そして、その執筆者として選ばれたのが、ノイマンとフックスの二人だった！

つまり、フックスは、多くの研究者と共に原爆を製造し、その過程で生じた数えきれないほどの発明の詳細をノイマンと一緒に話し合って、共著で機密書類をまとめた人物である。そのフックスが、実はソ連のスパイだったわけである。

この事件が、どれほど大きなショックをノイマンに与えたのか、触れた文献は見当たらない。しかし、それまでの順風満帆な人生で、その種の「信じ難い裏切り」を経験したことのないノイマンは、底知れぬ「恐怖」を感じたのではないだろうか。そして、彼の「憎悪」が、フックスの背後に存在する「ソ連」に向けられたのではないだろうか。

一九五〇年三月一日、フックスの裁判が、ロンドン中央刑事裁判所で開始された。フックスは、自分の罪状を全面的に認め、一九四三年から四七年にかけて、四回にわたり、ソ連に機密情報を漏洩したことを自白した。その中で最も重要な機密情報が、ノイマンと共著の「発明開示書」だった。

このスパイ活動によってフックスがソ連から得た報酬は、四〇〇ドル余りの経費にすぎない。彼は「筋金入りの共産主義者」であり、そうすることが人類のために「正しい」という信念に基づいて、ソ連に情報を流したのである。

もしフックスの裁判がアメリカで行われていたら、国家反逆罪で死刑になったかもしれない。しかし、イギリスの裁判では、禁錮一四年が最高刑だった。その裏には、司法取引や国家間取引があったのではないかともいわれている。

フックスは、最高刑の判決を受けたにもかかわらず、九年間の刑に服した後、一九五九年に東ドイツに引き渡された。東側では、彼は英雄として迎えられ、「カール・マルクス勲章」を授与された。その後、ドレスデン工科大学教授に就任し、中華人民共和国の留学生たちに原爆製造方法を教えた。そのおかげで、中国も早期に核兵器を開発できたという。

彼は、一九八八年に亡くなった。

水爆開発

一九五〇年一月三一日、アメリカ合衆国のハリー・トルーマン大統領は、「私は、軍の総司令官として、我が国の防衛体制を十分に整備する責任があります。そのため、水素爆弾あるいはスーパー爆弾を含む、あらゆる種類の核兵器開発を続行するように、原子力委員会に命じました」と発表した。

この声明は、フックスがソ連のスパイ容疑で逮捕された数日後に発表された。フックスが、ジョン・フォン・ノイマンと共著で原爆の「発明開示書」を書くほど深く潜入していたことは、すでに述べたとおりである。

フックス事件以前は、大量の原爆でソ連に先制攻撃を仕掛ければ、ソ連の指導者が戦争の勃発にさえ気付かないうちに「ソ連を石器時代に戻す」ことが可能とみなされていた。

当初のアメリカの攻撃計画によると、モスクワ周辺の一一〇平方マイル（約二八〇平方キロ）を攻撃するには、原爆六発が必要だった。レニングラードに六発、タシュケントにも六発と加えていくと、ソ連の主要都市と軍事施設すべてを同時に無力化するためには、最大で二九二発の原爆が必要になると計算された。

そのためアメリカは、第二次大戦終結直後から原爆の大量生産を開始し、一九五〇年を迎えた時点で、ようやく二九二発を保有することができた。これでソ連に圧倒的優位に立てたと思った瞬間、フックス事件が起こったのである。

アメリカの原爆に関連する最高機密情報が、すべてソ連に筒抜けだった以上、すでにソ連も相当数の原爆を保有しているに違いない。もしアメリカが奇襲攻撃を仕掛ければ、ソ連も即座に報復するだろう。しかも、奇襲攻撃は、生き延びたソ連人の強い結束をもたらし、第三次大戦が長期化するようなことになれば、アメリカはとても勝ちきれない。

そこで、トルーマン大統領は「水素爆弾」の開発を命じたわけである。この「水素爆弾」とは、「原子爆弾」が原子の「核分裂」を利用するのに対して、「核融合」エネルギーによって、いわば「小型の太陽」を創り出す「スーパー爆弾」である。原爆と違って、理論上いくらでも破壊力を強化できるので、これならば、数発程度で、ソ連全土を無力化できる。

一九四三年、「核融合」爆弾のアイディアをロスアラモス国立研究所で最初に主張したのが、後に「水爆の父」と呼ばれるようになるエドワード・テラーだった。ただし、「核融合」を生じさせる超高温・超高密度状態を作り出すことは、とても不可能だろうと、多くの研究者は相手にしていなかった。

それ以上に、道徳的な観点から水爆開発に猛反対したのが、「原爆の父」ロバート・オッペンハイマーである。彼は、水爆開発は「人類に対する邪道」だと強く非難した。原爆は一〇万人単位の死傷者を生み出すが、その数千倍の威力を持つ水爆は、一〇〇万人から一〇〇〇万人の一般市民を瞬時に大量殺戮する。もはや人類を滅亡させる最終兵器であり、その開発に科学者は加担すべきでないと主張したのである。

アルベルト・アインシュタインも、水爆が使用された場合、大気の放射能汚染は地球全域に及び、「最後には、疑いの余地なく、すべての生命を消滅させる」と述べている。エンリコ・フェルミやハンス・ベーテのように、原爆開発に積極的に関わった科学者たちでさえ、水爆開発には批判的だった。

しかし、大統領命令を受けた科学者や技術者は、再びロスアラモス国立研究所に集結した。とはいえ、「核融合」爆弾の開発は、原爆よりも遥かに困難だった。

その難関を突破する方法を発見したのは、長年ノイマンの助手を務めたスタニスワフ・ウラムだった。一九五一年二月、彼は、なんと「原爆」を起爆剤に用いることによって、重水素に「核融合」を生じさせる方法を思いついた。

このウラムの方法を検証するためには、膨大な数の微分方程式や複雑な関連計算を行う必要があった。そのためにコンピュータを提供したのが、ノイマンだったのである！

ノイマンは、水爆開発について、一貫して推進すべきだという立場だった。なぜなら、アメリカこそが常に「世界で最大の武器を保有するべき」だからである。道徳的批判に対しても「いっさい躊躇してはならない」と平然と述べている。

ノイマンは、一九五一年の夏期休暇中、ほぼ完成していた「ＭＡＮＩＡＣ」を二ヵ月にわたり二十四時間連続で稼働させて膨大な計算を行い、ウラムの理論が正しいことを検証した。

一九五二年一一月一日、テラーとウラムの理論に基づく人類最初の水爆実験「アイビー作戦」が成功した。ところが、その翌年八月には、ソ連の物理学者アンドレイ・サハロフが開発した重水素化リチウムによる水爆実験が行われた。
その後、二大強国は核兵器開発競争を繰り広げ、一九五〇年代後半には、お互いに、地球全域を複数回壊滅させるだけの原水爆兵器を保有するという結末に陥ったのである。

アメリカ数学会会長

一九五一年九月、ノイマンは「アメリカ数学会」の会長に選出された。渡米後の彼は、コンピュータ開発とゲーム理論に加えて、エルゴード理論に関する重要な成果を挙げている。

たとえば、閉じた空間において、気体分子の運動はどのように記述されるだろうか。一般に、力学的運動の長時間平均が数学的な位相平均に等しいとき、つまり長時間平均が一定の確率的な平均に収束することを「エルゴード性」と呼ぶ。

もし「エルゴード性」を計算できれば、閉じた空間の気体分子の運動から、地球全体の大気の予測にまで応用できる。ノイマンは、エルゴード理論に関連する統計力学と流体力学の研究を含めて、この分野だけで三六編の論文を発表している。

当時は、飛行機による高層大気観測が始まり、気象観測網が整備され始めた時期である。ノイマンは、一九四八年、シカゴ大学の気象学者ジュール・チャーニーを高等研究所に招聘して、「大気モデル」の共同研究を始めた。

そこで二人は、気象力学の基礎方程式を「MANIAC」にプログラムして、観測値を入力し、気象予測を行う方法を生み出した。これが現在の「天気予報」の基本方式である。つまりノイマンは、「天気予報の父」でもあったわけである。

超多忙なノイマンは、アメリカ数学会の会長を一期だけで辞任した。しかし、彼は、一九五四年九月にアムステルダムで開催される第一二回国際数学者会議の冒頭で「数学における未解決問題」を講演するように強く要請された。

主催者が期待したのは、彼の師であるダフィット・ヒルベルトが一九〇〇年にパリで開催された第二回国際数学者会議で掲げた「二三の未解決問題」を、半世紀ぶりに更新し、世界の数学者に指針を示すことだった。

ところが、実際のノイマンの講演は、「作用素環」に関する過去の研究を淡々と述べた内容で、期待を裏切られた数学者から、ブーイングの嵐を浴びたと伝えられている。

当時のノイマンには、もはや数学界を悠々と見渡して、未解決問題を数え上げるような余裕はなかったのである。

フォン・ノイマン委員会

一九五〇年、ノイマンは、核兵器管理と核実験支援を行う「軍特殊兵器計画」と、その核兵器を運ぶ爆撃機・戦略ミサイル開発を支援する「兵器体系評価会議」の委員となった。

一九五一年から五二年にかけては、「総合諮問委員会」の委員、空軍の「科学諮問委員会」の委員、重点的に水爆開発を行う「リヴァモア研究所」の顧問も引き受けている。

さらにノイマンは、世界中でスパイ活動を展開する「中央情報局（CIA: Central Intelligence Agency)」の顧問にも就任している。これは、明らかにフックス事件の影響だろう。

一九五三年一月、ドワイト・アイゼンハワーが第三四代合衆国大統領に就任した。彼は、第二次大戦中は連合国軍最高司令官であり、その後、陸軍参謀総長と北大西洋条約機構軍最高司令官を歴任した。コロンビア大学学長も務めている。

アイゼンハワーは、大統領就任直後、膨大な数に膨れ上がっていた軍事関係の委員会を整理統合し、その中心に「核兵器委員会（NWP: Nuclear Weapons Panel)」を据えた。そして、以前から高く評価していたノイマンを、委員長に指名した。科学者を指名するのは、異例中の異例のことである。

そこから、この委員会は「フォン・ノイマン委員会」と呼ばれるようになった。メンバーは、ロスアラモス国立研究所・ランド研究所・リヴァモア研究所・ベル研究所の各所長、大統領科学顧問、国防総省・空軍・航空企業の代表、テラーとベーテのような科学者ら、「核兵器」に関わる主要関係者がすべて含まれていた。

一九五四年二月、フォン・ノイマン委員会は、六種類の「核弾頭ミサイル」を配備すべきだと大統領に答申した。その答申に基づいて実戦配備されたのが、「大陸間弾道ミサイル」（アトラス、タイタン、ミニットマン）、「中距離ミサイル」（ソア、ジュピター）、「潜水艦発射ミサイル」（ポラリス）である。

この年の四月一二日から五月六日にかけて、「オッペンハイマー聴聞会」が開かれた。オッペンハイマーは、フランク・エイデロッテの退職に伴い、一九四七年からプリンストン高等研究所の三代目所長に就任していたが、科学界に強い影響力を持つ彼が水爆開発に反対し続けたのは、「ソ連のスパイだからだ」と告発した国会議員がいたためである。

聴聞会には三九人の証人が喚問され、ノイマンもその一人だった。ノイマンは、オッペンハイマー所長が、「MANIAC」で水爆の関連計算を行うことを許可した事実を挙げて、彼を擁護した。ノイマンは、オッペンハイマーとは正反対の政治的信条を持っていたにもかかわらず、オッペンハイマーが有利になるように証言したわけである。

他にも多くの証人が、オッペンハイマーがスパイであるはずがないことを証言したが、テラーが強固な批判的意見を述べたため、オッペンハイマーは公職から追放された。

原子力委員

アメリカ合衆国の原子力関連の組織で、最も権威のある大統領諮問機関が、「原子力委員会」である。当時の委員長ルイス・ストロース提督は、長年の友人であるノイマンの激務を見かねて、彼を五人の委員の一人として、大統領に推薦した。

ノイマンは、この仕事を受けるかどうか大いに悩み、何日も眠れなかったとウラムに打ち明けたという。というのは、原子力委員は常勤職で、高等研究所はもちろん、関与するあらゆる役職と顧問を辞任しなければならなかったからである。

その一方で、「外国生まれの彼が、広大な科学技術分野の頂点に立ち、絶大な影響力を持つ政治的に最高の地位に推薦されたことを純粋に喜び、誇りに思っていた」ともウラムは述べている。

結果的に、ノイマンは原子力委員就任を受諾した。任期は一九五五年三月から五九年六月までである。

この任期終了後、ノイマンは、カリフォルニア大学ロサンゼルス校（ＵＣＬＡ）に移る予定だった。彼は、「ＵＣＬＡは、私が望むすべてを与えてくれるそうだよ」とクララに語っている。夫妻は、温暖なビーチでの生活を楽しみにしていた。

この頃、風邪を引いてベッドで休んでいたクララが、ノイマンに水を一杯持ってくるように頼んだことがあった。かなり時間が経って、戻ってきたノイマンは、「グラスはどこにあるのかな」とクララに尋ねた。

「なにしろ主人は、この家に住んで、たった一七年しか経っていませんから」と、クララは笑って女性雑誌『グッド・ハウスキーピング』のインタビューに答えている。その記事のタイトルは、「自分の頭脳で世界を動かすことができると信じる男との結婚」だった！

一九五五年春、ノイマンとクララは、プリンストンを離れ、ワシントンD.C.のジョージタウンにある瀟洒な家に引っ越した。そしてノイマンは、三月一五日から、定刻に原子力委員会に出席して、秘書と職員が手筈を整えた仕事をこなし、定刻に帰宅した。これまでとは、比較にならないほど安定した生活である。

ところが、七月九日、ノイマンは、左肩の強烈な痛みによって、突然、倒れた。診断の結果、左肩鎖骨に腫瘍が発見されたが、それは、別の部分で発症したガンが血液の循環によって骨に転移したものとわかった。何度か立ち会った核実験で浴びた放射線が、ガンの原因だと言われている。

緊急手術を受けた後も、ノイマンは、痛みに耐えて仕事を続けた。救急車で原子力委員会に出席したこともあった。

一二月一二日、全米計画協会で行った講演が、彼の最後のスピーチとなった。そこでノイマンは、「すべてを、機械が得意なことと人間が得意なことに分けるのが、今後のために最良の手段です」と、未来を見通して語っている。

一九五六年一月には、足腰が立たなくなった。二月に「合衆国自由勲章」を授与された際には、車椅子で授章式に出席した。アイゼンハワー大統領は、ノイマンの襟に勲章を付けながら、「我々には君が必要だ」と言った。

それまで病気らしい病気に罹《かか》ったことがなく、まだ五二歳のノイマンは、何もかも見通すほどの大天才であったにもかかわらず、「自分が死ぬこと」だけは理解できなかったようである。死の直前、ノイマンは、カトリックの洗礼を正式に受けた。もし「来世」があったら、そうしておく方が得だと、ゲーム理論的に結論付けたのかもしれない。

全身にガンの転移したノイマンは、ワシントンのウォルター・リード陸軍病院に入院した。彼の病室は、大統領の病室と同じ病棟にある特別室だった。その光景を、ストロースは、「もともと移民だったこの五〇代の男のベッドの周りを、国防長官、国防副長官、陸・海・空軍長官、参謀長官が取り囲んで座っているという、驚くべき構図」だと述べている。

臨終が近づくと、鎮痛剤によって譫言《うわごと》を言うようになったため、軍の機密を口走らないように監視が付いた。
一九五七年二月八日、ノイマンは逝去した。

「計算機と脳」とクララ

もしノイマンが健在だったら、三月には、イエール大学で「計算機と脳」に関する連続講義を行う予定だった。彼は、病状の進行に伴って多くの仕事をキャンセルせざるをえなくなったが、この講義だけは、二週間の予定を一週間、さらに一回だけの講演にまで減らしても、行うと言い張った。

車椅子に座らなければ移動できず、喋ることさえ困難な病状に陥ると、原稿を届けて、代読してもらうことにした。そして、病室で原稿を口述しようとしたが、ついに力尽きて未完に終わってしまった。そこまでノイマンが執着していたのが、「計算機と脳」の問題だった。

ノイマンの死後、クララは、ノイマンの著作集の出版計画や膨大な書類の事務処理に追われた。その過程で彼女は、ＵＣＬＡの地球物理学者カール・エッカートに何度も助けられることになった。二人は、一九五八年に結婚した。

一九六三年三月、『フォン・ノイマン著作集』全六巻が発行され、ようやくクララは、落ち着くことができた。

この年の一一月一〇日早朝、クララの遺体がサンディエゴ郊外ラ・ホーヤのビーチで発見された。検死結果は「溺死」であり、血中アルコール濃度は「酩酊状態」に相当した。ノイマンが最後に乗っていたキャデラックが、ビーチの近くに停車してあった。

彼女の部屋のテーブルには、「ここはすばらしいところです。私はとても楽な気持ちで、ようやく虹を追いかけるのを止めることができます。……これ以上、旅をする必要はないと感じています」という走り書きがあった。

彼女は、ノイマンと暮らす予定だったビーチで、自らの生涯を閉じたわけである。

「ノイマンの箱」とマリーナ

一九五六年、大学を飛び級で卒業したノイマンの二一歳の娘マリーナは、ハーバード大学大学院で博士号を取得したばかりの三一歳の英文学者ロバート・ホイットマンと結婚した。

ノイマンは、この結婚に反対だった。というのは、彼女が母親マリエットとほぼ同じ若さで、年上の男性と結婚するという行動は、自分たちの失敗を見る思いだったからである。

サンタフェを歩く42歳のノイマンと11歳のマリーナ（1946年）

しかし、その後、夫妻は二人の子どもを儲けて、今も円満に暮らしている。彼らの長男、つまりノイマンの孫マルコムと初めて会ったウラムは、「この三歳の坊やが、両手を後ろに回して、アヒルのような足取りで歩いていたからビックリしたよ。まるでジョニーそっくりだからね」と述べている。

成長したマルコムは、今ではハーバード大学教授の発達生物学者、妹のローラは、イエール大学医学部で内科の専門医師を務めている。つまり、ノイマンの娘も二人の孫も、全員が一流の研究者となったわけである。

ノイマンの死後、「私の死後、五〇年が過ぎたら開けてよい」と書かれた箱が見つかった。この「ノイマンの箱」については、中にいったい何が入っているのか、関係者の間で、長年にわたって大きな話題になっていた。

その五〇年が経過した二〇〇七年、マリーナがついに箱を開けたところ、中身はクララと彼女の前夫に関連した無価値な書類ばかりだった！

しかし、もしかすると、五〇年の間に、CIAが箱を開けて中身をすり替えたのではないだろうか。晩年のノイマンは、単なる科学者ではなく、国際的重要人物だったからである。

テラーは、「超人的な新人類が生まれることがあるとしたら、その人々はジョン・フォン・ノイマンに似ているだろう」と述べている。新人類の脳内では、人類の脳機能を超えた「神経超伝導」が生じ、ますます考えることを楽しむようになると、テラーは言う。

「考えることを楽しめば、ますます脳が発達する。フォン・ノイマンは、自分の脳が機能することを楽しんでいたんだよ」

ノイマンと共に原爆を開発し、核反応理論でノーベル物理学賞を受賞したベーテは、「フォン・ノイマンの頭脳は、常軌を逸している。彼は、人間よりも進化した生物ではないか？」と、本気で考えたことが何度もあるという。

おわりに

本書は、『読書人の雑誌　本』(講談社)の二〇一九年六月号から二〇二〇年一一月号まで全一八回にわたって連載した「フォン・ノイマンの哲学」に加筆・修正を加え、詳細な参考文献を付記したものである。

ここまで本文を読んでくださった読者には、「フォン・ノイマンの哲学」とは何か、それが私たちの生きる現代にどのような影響を与えているのか、未来の人類にいかなる教訓を遺したのか、およそのイメージを摑んでいただけたのではないかと思う。

私の解釈する「フォン・ノイマンの哲学」については、主として第5章で触れたとおりである。

要するに、ノイマンの思想の根底にあるのは、科学で可能なことは徹底的に突き詰めるべきだという「科学優先主義」、目的のためならどんな非人道的兵器でも許されるという「非人道主義」、そして、この世界には普遍的な責任や道徳など存在しないという一種の「虚無主義」である。

つまり、ノイマンは、表面的には柔和で人当たりのよい天才科学者でありながら、内面の彼を貫いているのは「人間のフリをした悪魔」そのものの哲学といえる。だからこそ彼は、第7章で述べたように「マッド・サイエンティスト」の代表とみなされるわけである。

人類史上稀に見る天才ノイマンは、数学における「集合論」と物理学における「量子論」の進展に大きく貢献し、過去に存在しなかった「コンピュータ」と「ゲーム理論」と「天気予報」を生み出した。彼の生み出した「プログラム内蔵方式」の「ノイマン型アーキテクチャー」がなければ、現代のあらゆるコンピュータ製品はもちろん、スマートフォンも存在しない。

第二次大戦中、ノイマンの戦略でドイツ海軍の機雷を除去できなければ、イギリスは海上から物資を補給できなかったかもしれない。また、彼が導いた「爆縮理論」がなければ、アメリカの原子爆弾完成はずっと遅れていたはずである。つまり、もしノイマンがいなければ、第二次大戦の結末には大きな変化があったに違いない。

第二次大戦後、彼は「フォン・ノイマン委員会」の委員長として、六種類の戦略核弾頭ミサイルの配備をアイゼンハワー大統領に進言した。ノイマンは、戦後のアメリカとソ連の冷戦構造にも甚大な影響を与えたわけである。

ノイマンは、いわゆる「科学者」や「研究者」の範疇《はんちゅう》に留まらない「実践家」だった。

彼の生まれ故郷ブダペストは、第二次大戦中はナチス・ドイツ、戦後はソ連に蹂躙《じゅうりん》された。ノイマンは、「ヨーロッパの瓦礫」の中から自分を救出してくれたアメリカ合衆国を「理想国家」とみなし、市民権を得ると同時に「士官採用試験」を受けて、合衆国に命を捧げる「軍人」になろうとした。ヨーロッパからアメリカに逃れたユダヤ人は数えきれないが、彼のように「軍人を志した天才科学者」は、他に類を見ない。

晩年のノイマンは、アイゼンハワー大統領の主要ブレーンの一員であり、陸海空軍長官をはじめ、ロスアラモス国立研究所や、ランド研究所といったシンクタンクの所長と対等に話し合える立場にまで昇りつめた。彼の病室に大統領側近が勢揃いして彼のアドバイスに耳を傾けたのは、それだけノイマンが信任され、先見の明を期待されていたからである。

さて、ノイマンの死から五年後の一九六二年一〇月、「キューバ危機」が勃発した。キューバと「極秘軍事協定」を結んだソ連は、密かに核弾頭ミサイルや発射台を巧妙に工業品にカモフラージュして輸出し、ハバナ南方にミサイル基地を設置したのである。

ソ連崩壊後にロシアが公開した情報によると、この時点でソ連は、ワシントンD.C.やニューヨークをはじめとする合衆国主要都市を射程におく中距離核弾頭ミサイル「R12」・「R14」と短距離核弾頭ミサイル「ルナ」合計四二基を配備していた。核弾頭は合計一五〇発、核弾頭爆弾搭載可能な「イリューシン」爆撃機に加えて、四万人以上ものソ連将兵をキューバに送り込んでいたのである！

つまり、驚くべきことに、ソ連は、合衆国に対する先制核攻撃と上陸作戦を本気で計画していたわけである。この計画は、ノイマンがトルーマン大統領とアイゼンハワー大統領に何度も進言したソ連への先制核攻撃計画の完全に裏返しのコピーといえる。

ロジャー・ドナルドソン監督の映画『13デイズ』には、人類が最も核戦争に接近した一〇月一六日から二八日までの一三日間の出来事がスリリングに描かれている。最終的には、ジョン・F・ケネディ大統領とニキータ・フルシチョフ首相のどちらかが攻撃命令を下せば、全面核による第三次世界大戦が勃発する局面まで進んだ。地球の運命が、たった二人の人間の判断に左右される状況になってしまったのである。

もしノイマンが生きていたら、「だからアメリカが圧倒的優位な一九五〇年代初頭に、ソ連を原始時代に戻しておくべきだったと何度も言ったじゃないか！」と叫んでいたかもしれない。犠牲を最小限にして最大利得を求める「ミニマックス戦略」を生み出した超合理主義者ノイマンならば、朝鮮戦争では北朝鮮への原爆投下、ベトナム戦争では北ベトナムへの原爆投下を躊躇なく大統領に進言したに違いない。

第二次大戦直後、仮にアメリカやヨーロッパの自由主義諸国がノイマンの思い通りに動いていたら、もしかすると世界地図から独裁国家や共産主義国家は消え去り、今頃は民主的な「世界政府」が樹立されていたかもしれない。

「世界政府」では文化の多様性が尊重され、多彩な経済活動が起こり、何よりも科学の進歩が優先される。二一世紀の今頃には、量子コンピュータが開発され、大半の仕事はロボットが実行し、火星に人類の基地が設置されているとも空想できる。人類は、太陽エネルギーを超効率的に獲得し、世界の天候を支配し、ヒト遺伝子を自由に操っていた可能性もある。おそらく、それがノイマンの夢見た未来の世界像だっただろう。

原爆投下による日本の被害を知り、放射線被曝を受けた犠牲者の写真を見て、アインシュタインをはじめとする良心的科学者の多くが、恐れおののいた。ロスアラモス国立研究所所長だったオッペンハイマーが、ヒンズー教の経典から「我は死神なり、世界の破壊者なり」という言葉を引いて、その恐怖を表現したことは、よく知られている。

ただし、実は、このオッペンハイマーの発言は、研究所の科学者からは大変な悪評だった。原爆がロスアラモスの無数の科学者と技術者の共同作業で完成した成果であるにもかかわらず、彼が「我」を主語にして、あたかも自分一人で原爆を生み出したかのように表現したからである。ノイマンは、「オッペンハイマーは、罪を自白して自分の手柄にしたというわけか」とジョークを飛ばして、皆を笑わせたという。

「我々が今生きている世界に責任を持つ必要はない」と言い放ったノイマンは、犠牲者に対する人道的感情とは無縁だった。あるいは、あえてそのような人間性に目を背けていたのかもしれない。彼が唯一、人間らしい姿を見せた記録として残っているのは、疲れ果てて自宅に戻った際、クララに「我々が今作っているのは怪物だ」と、動揺した姿を見せた一夜だけである。

ノイマンは、第一次大戦で毒ガスを発明して攻撃を指揮したフリッツ・ハーバーと同じように、自己の理想に邁進するためには、いかなる犠牲もやむをえないと「人間性」を切り捨てた。それこそが、ノイマンが「人間のフリをした悪魔」と呼ばれる所以である。

最後になったが、本書出版の機会を与えてくださった講談社現代新書編集長の青木肇氏と『読書人の雑誌　本』連載の段階から編集を担当してくださった現代新書副部長の米沢勇基氏に深く感謝したい。

國學院大學の同僚諸兄、ゼミの学生諸君、情報文化研究会のメンバー諸氏には、さまざまな視点からヒントや激励をいただいた。それに、家族と友人のサポートがなければ、本書は完成しなかった。助けてくださった皆様に、心からお礼を申し上げたい。

高橋昌一郎

二〇二〇年一二月二八日――フォン・ノイマン生誕一一七年を祝して

［77］ Norbert Wiener, *Cybernetics: or Control and Communication in the Animal and the Machine*, Cambridge, MA: MIT Press, 1948.［ノーバート・ウィーナー著／池原止戈夫・彌永昌吉・室賀三郎・戸田巌訳『サイバネティックス：動物と機械における制御と通信』岩波書店，1962.］
［78］ Norbert Wiener, *The Human Use of Human Beings: Cybernetics and Society*, New York: Doubleday, 1950.［ノーバート・ウィーナー著／鎮目恭夫・池原止戈夫訳『人間機械論：人間の人間的な利用』みすず書房，1979 年.］

[62] Richard Rhodes, *The Making of the Atomic Bomb*, New York: Simon & Schuster, 1986.［リチャード・ローズ著／神沼二真・渋谷泰一訳『原子爆弾の誕生：科学と国際政治の世界史』(2分冊) 啓学出版, 1993年.］

[63] Bertrand Russell, *Common Sense and Nuclear Warfare*, London: George Allen & Unwin, 1959.［バートランド・ラッセル著／飯島宗享訳『常識と核戦争：原水爆戦争はいかにして防ぐか』理想社, 1959年.］

[64] Bertrand Russell, *Unarmed Victory*, London: George Allen & Unwin, 1963.［バートランド・ラッセル著／牧野力訳『武器なき勝利』理想社, 1964年.］

[65] Bruce Schechter, *My Brain is Open: The Mathematical Journeys of Paul Erdös*, New York: Simon & Schuster, 2000.［ブルース・シェクター著／グラベルロード訳『My Brain is Open：20世紀数学界の異才ポール・エルデシュ放浪記』共立出版, 2003年.］

[66] Franco Selleri, *Die Debatte um die Quantentheorie*, Braunschweig: Vieweg & Sohn, 1983.［フランコ・セレリ著／櫻山義夫訳『量子力学論争』共立出版, 1986年.］

[67] Bela Silard, *Genius in the Shadows: A Biography of Leo Szilard, The Man Behind The Bomb*, edited by William Lanouette, New York: Skyhorse, 1992.

[68] Ruth Sime, *Lise Meitner: A Life in Physics*, Berkeley, CA: University of California Press, 1996.［ルス・サイム著／米沢富美子監修・鈴木淑美訳『リーゼ・マイトナー：嵐の時代を生き抜いた女性科学者』シュプリンガー・フェアラーク東京, 2004年.］

[69] Leo Szilard, *His Version of the Facts: Selected Recollections and Correspondence*, edited by Spencer Weart and Gertrud Szilard, Cambridge, MA: MIT Press, 1978.［レオ・シラード著／伏見康治・伏見諭訳『シラードの証言：核開発の回想と資料 1930–1945年』みすず書房, 1982年.］

[70] Leo Szilard, *The Voice of the Dolphins: And Other Stories*, Stanford, CA: Stanford University Press, 1961.

[71] 高橋昌一郎『科学哲学のすすめ』丸善, 2002年.

[72] 高橋昌一郎『ゲーデルの哲学』講談社現代新書, 1999年.

[73] 高橋昌一郎「チューリングの悲劇」『すばる』集英社, 第35巻第1号, pp.64–65, 2013年1月.

[74] Edward Teller, *The Legacy of Hiroshima*, edited by Allen Brown, New York: Doubleday, 1962.

[75] Alan Turing, "Computing Machinery and Intelligence," *MIND*: 236, pp.433–460, Oxford: Oxford University Press, 1950.［アラン・チューリング著／高橋昌一郎訳「計算機械と知性」『現代思想：総特集チューリング』青土社, 第40巻第14号, pp.8–38, 2012年11月.］

[76] Alan Turing, *The Essential Turing: Seminal Writings in Computing, Logic, Philosophy, Artificial Intelligence, and Artificial Life plus The Secrets of Enigma*, edited by Jack Copeland, Oxford: Oxford University Press, 2004.

ルー・ホッジス著／土屋俊・土屋希和子・村上祐子訳『エニグマ：アラン・チューリング伝』（2分冊）勁草書房，2015年.］
［49］ Paul Hoffman, *The Man Who Loved Only Numbers: The Story of Paul Erdös and the Search for Mathematical Truth*, New York: Hyperion, 1998.［ポール・ホフマン著／平石律子訳『放浪の天才数学者エルデシュ』草思社，2000年.］
［50］ Charlotte Kerner, *Lise, Atomphysikerin: Die Lebensgeschichte der Lise Meitner*, Weinheim: Beltz, 1986.［シャルロッテ・ケルナー著／平野卿子訳『核分裂を発見した人：リーゼ・マイトナーの生涯』晶文社，1990年.］
［51］ 宮田親平『毒ガス開発の父ハーバー：愛国心を裏切られた科学者』朝日新聞社（朝日選書），2007年.
［52］ Helge Kragh, *Quantum Generations: A History of Physics in the Twentieth Century*, Princeton: Princeton University Press, 2002.［ヘリガ・カーオ著／岡本拓司監訳『20世紀物理学史：理論・実験・社会』（2分冊）名古屋大学出版会，2015年.］
［53］ Walter Moore, *Schrödinger: Life and Thought*, Cambridge: Cambridge University Press, 1989.［ウォルター・ムーア著／小林澈郎・土佐幸子訳『シュレーディンガー：その生涯と思想』培風館，1995年.］
［54］ 大平一枝『届かなかった手紙：原爆開発「マンハッタン計画」科学者たちの叫び』KADOKAWA，2017年.
［55］ Robert Oppenheimer, *Science and the Common Understanding*, New York: Simon & Schuster, 1954.
［56］ Robert Oppenheimer, *The Open Mind*, New York: Simon & Schuster, 1965.
［57］ Abraham Pais, *A Tale of Two Continents: A Physicist's Life in a Turbulent World*, Princeton: Princeton University Press, 1997.［アブラハム・パイス著／杉山滋郎・伊藤伸子訳『物理学者たちの20世紀：ボーア、アインシュタイン、オッペンハイマーの思い出』朝日新聞社，2004年.］
［58］ Abraham Pais, *J. Robert Oppenheimer: A Life*, Oxford: Oxford University Press, 2006.
［59］ Abraham Pais, *Niels Bohr's Times: In Physics, Philosophy, and Polity*, Oxford: Oxford University Press, 1991.［アブラハム・パイス著／西尾成子・今野宏之・山口雄仁訳『ニールス・ボーアの時代：物理学・哲学・国家』（2分冊）みすず書房，2007–2012年.］
［60］ Thomas Powers, *Heisenberg's War: The Secret History Of The German Bomb*, New York: Da Capo Press, 2000.［トマス・パワーズ著／鈴木主税訳『なぜ、ナチスは原爆製造に失敗したか：連合国が最も恐れた男・天才ハイゼンベルクの闘い』（2分冊）ベネッセコーポレーション（福武文庫），1995年.］
［61］ Richard Rhodes, *Dark Sun: The Making of the Hydrogen Bomb*, New York: Simon & Schuster. 1995.［リチャード・ローズ著／小沢千重子・神沼二真訳『原爆から水爆へ：東西冷戦の知られざる内幕』（2分冊）紀伊國屋書店，2001年.］

マ：ゲーデルの生涯と不完全性定理』新曜社，2006年.］
［36］ Paul Dirac, *The Principles of Quantum Mechanics*, Oxford: Oxford University Press, 1930.［ポール・ディラック著／朝永振一郎・玉木英彦・木庭二郎・大塚益比古・伊藤大介訳『量子力学』岩波書店，1954年.］
［37］ Graham Farmelo, *The Strangest Man: The Hidden Life of Paul Dirac, Quantum Genius*, New York: Faber & Faber, 2010.［グレアム・ファーメロ著／吉田三知世訳『量子の海、ディラックの深淵：天才物理学者の華々しき業績と寡黙なる生涯』早川書房，2010年.］
［38］ Laura Fermi, *Atoms in the Family: My Life with Enrico Fermi*, Chicago: University of Chicago Press, 1954.［ローラ・フェルミ著／崎川範行訳『フェルミの生涯：家族の中の原子』法政大学出版局，1977年.］
［39］ Gordon Fraser, *The Quantum Exodus: Jewish Fugitives, the Atomic Bomb, and the Holocaust*, Oxford: Oxford University Press, 2012.
［40］ 藤原章生『湯川博士、原爆投下を知っていたのですか："最後の弟子" 森一久の被爆と原子力人生』新潮社，2015年.
［41］ Kurt Gödel, *Kurt Gödel Collected Works*, 5 Vols., edited by S. Feferman, et al., Oxford: Oxford University Press, 1986-2004.
［42］ Kurt Gödel, "Some Basic Theorems on the Foundations of Mathematics and Their Implications," in Solomon Feferman, et al. ed., *Kurt Gödel Collected Works, Volume III: Unpublished Essays and Lectures*, pp.304-323, Oxford: Oxford University Press, 1995.［クルト・ゲーデル著／高橋昌一郎訳「数学基礎論における幾つかの基本的定理とその帰結」『現代思想：総特集ゲーデル』青土社，第35巻第3号, pp.8-27, 2007年2月.］
［43］ Jeremy Gray, *The Hilbert Challenge*, Oxford: Oxford University Press, 2000.［ジェレミー・グレイ著／好田順治・小野木明恵訳『ヒルベルトの挑戦：世紀を超えた23の問題』青土社，2003年.］
［44］ John Gribbin, *Schrödinger's Kittens and the Search for Reality*, London: Weidenfeld and Nicolson, 1995.［ジョン・グリビン著／櫻山義夫訳『シュレーディンガーの子猫たち：実在の探究』シュプリンガー・フェアラーク東京，1998年.］
［45］ István Hargittai, *The Martians of Science: Five Physicists Who Changed the Twentieth Century*, Oxford: Oxford University Press, 2006.
［46］ Werner Heisenberg, *Physics and Beyond*, New York: Harper and Row, 1971.［ヴェルナー・ハイゼンベルク著／山崎和夫訳『部分と全体：私の生涯の偉大な出会いと対話』みすず書房，1974年.］
［47］ Werner Heisenberg, *Physics and Philosophy: The Revolution in Modern Science*, New York: Harper and Row, 1958.［ヴェルナー・ハイゼンベルク著／田村松平訳『自然科学的世界像』みすず書房，1994年.］
［48］ Andrew Hodges, *Alan Turing: The Enigma*, New York: Vintage, 2012.［アンド

(朝日選書), 1998年.]
[22] William Poundstone, *Prisoner's Dilemma: John Von Neumann, Game Theory, and the Puzzle of the Bomb*, New York: Anchor, 1993. [ウィリアム・パウンドストーン著/松浦俊輔他訳『囚人のジレンマ:フォン・ノイマンとゲームの理論』青土社, 1995年.]
[23] Ed Regis, *Who Got Einstein's Office?: Eccentricity and Genius at the Institute for Advanced Study*, Reading: Addison-Wesley, 1987. [エド・レジス著/大貫昌子訳『アインシュタインの部屋:天才たちの奇妙な楽園』(2分冊) 工作舎, 1990年.]
[24] 高橋昌一郎『ノイマン・ゲーデル・チューリング』筑摩書房(筑摩選書), 2014年.
[25] 高橋昌一郎「フォン・ノイマンの哲学」『國學院雑誌』國學院大學, 第114巻第11号, pp.44-54, 2014年11月.
[26] Stanislaw Ulam, "John von Neumann 1903-1957," *Bulletin of the American Mathematical Society*: 64, pp.1-49, 1958.
[27] Stanislaw Ulam, *Adventures of a Mathematician*, New York: Scribner's Sons, 1976. [スタニスワフ・ウラム著/志村利雄訳『数学のスーパースターたち:ウラムの自伝的回想』東京図書, 1979年.]
[28] Klara von Neumann, "Interview: Married to a Man Who Believes the Mind Can Move the World," *Good Housekeeping Magazine*, September 1956.
[29] Nicholas Vonneuman, *John Von Neumann as Seen by His Brother*, Meadowbrook: Mimeograph, 1987.
[30] Marina Whitman, *The Martian's Daughter: A Memoir*, Ann Arbor: University of Michigan Press, 2013.
[31] Eugene Wigner, *The Collected Works of Eugene Paul Wigner: Historical, Philosophical, and Socio-Political Papers*, Berlin: Springer, 2013.

フォン・ノイマンに関連する文献(部分的)

[32] Alex Abella, *Soldiers of Reason: The RAND Corporation and the Rise of the American Empire*, New York: Houghton Mifflin Harcourt, 2008. [アレックス・アベラ著/牧野洋訳『ランド:世界を支配した研究所』文藝春秋, 2008年.]
[33] Niels Bohr, *The Collected Works of Niels Bohr*, 13 Vols., Amsterdam: North Holland, 1972.
[34] Winston Churchill, *The Second World War*, 6 Vols., London: Cassell, 1948-1954. [ウィンストン・チャーチル著/佐藤亮一訳『第二次世界大戦』(4分冊) 河出書房新社(河出文庫), 2001年.]
[35] John Dawson, *Logical Dilemmas: The Life and Work of Kurt Gödel*, New York: AK Peters, 1997. [ジョン・ドーソン著/村上祐子・塩谷賢訳『ロジカル・ディレン

『ノイマン・コレクション：作用素環の数理』筑摩書房（ちくま学芸文庫），2015年.

フォン・ノイマンに関連する文献（全体的）

［11］ William Aspray, *John von Neumann and the Origins of Modern Computing*, Cambridge, MA: MIT Press, 1990. ［ウィリアム・アスプレイ著／杉山滋郎・吉田晴代訳『ノイマンとコンピュータの起源』産業図書，1995年.］
［12］ Clay Blair, "Passing of a Great Mind," *LIFE Magazine*, February 25, 1957, pp.89–104.
［13］ Jacob Bronowski, *The Ascent of Man*, London: Little Brown, 1974. ［ジェイコブ・ブロノフスキー著／道家達将・岡喜一訳『人間の進歩』法政大学出版局，1987年.］
［14］ Eusebius Doedel, Gábor Domokos, Ioannis Kevrekidis (eds.), *Modeling and Computations in Dynamical Systems: In Commemoration Of The 100th Anniversary Of The Birth Of John von Neumann*, New York: World Scientific Publishing Company, 2006.
［15］ Mohammed Dore, Sukhamoy Chakravarty, Richard Goodwin (eds.), *John Von Neumann and Modern Economics*, Oxford: Oxford University Press, 1989.
［16］ George Dyson, *Turing's Cathedral: The Origins of the Digital Universe*, London: Penguin, 2013. ［ジョージ・ダイソン著／吉田三知世訳『チューリングの大聖堂：コンピュータの創造とデジタル世界の到来』早川書房，2013年.］
［17］ Richard Feynman, *Surely You're Joking, Mr. Feynman!: Adventures of a Curious Character*, New York: Norton, 1984. ［リチャード・ファインマン著／大貫昌子訳『ご冗談でしょう、ファインマンさん：ノーベル賞物理学者の自伝』（2分冊）岩波書店，1986年.］
［18］ Herman Goldstine, *The Computer from Pascal to von Neumann*, Princeton: Princeton University Press, 1980. ［ハーマン・ゴールドスタイン著／末包良太・米口肇・犬伏茂之訳『計算機の歴史：パスカルからノイマンまで』共立出版，1979年.］
［19］ Steve Heims, *John von Neumann and Norbert Wiener: From Mathematics to the Technologies of Life and Death*, Cambridge, MA: MIT Press, 1980. ［スティーブ・ハイムズ著／高井信勝訳『フォン・ノイマンとウィーナー：2人の天才の生涯』工学社，1985年.］
［20］ John Impagliazzo, James Glimm, Isadore Singer (eds.), *The Legacy of John Von Neumann: Proceedings of Symposia in Pure Mathematics*, American Mathematical Society, 2006.
［21］ Norman Macrae, *John von Neumann*, New York: Random House, 1992. ［ノーマン・マクレイ著／渡辺正・芦田みどり訳『フォン・ノイマンの生涯』朝日新聞社

参考文献

本書の性格上、本文中に出典の注は付けなかったが、本書で用いた事実情報は、原則的に以下の文献から得たものである。また、本書で引用した文章は、用語等を統一するため、すべて原文から直訳してある。なお、本書と拙著［24］・［25］・［71］・［72］・［73］に重複部分があることをお断りしておきたい。

フォン・ノイマンの著作

［1］John von Neumann, *Collected Works of John von Neumann*, 6 Vols., edited by Abraham Taub, New York: Pergamon Press, 1961–1963.

［2］John von Neumann, "The Mathematician," in *Collected Works of John von Neumann, Volume 1: Logic, Theory of Sets and Quantum Mechanics*, edited by Abraham Taub, pp.1–9, New York: Pergamon Press, 1961.［ジョン・フォン・ノイマン著／高橋昌一郎訳「数学者」『現代思想：総特集フォン・ノイマン』青土社，第41巻第10号, pp.10–24, 2013年7月.］

［3］John von Neumann, *Mathematische Grundlagen der Quantenmechanik*, Berlin: Springer, 1932.［ジョン・フォン・ノイマン著／広重徹・井上健・恒藤敏彦訳『量子力学の数学的基礎』みすず書房，1957年.］

［4］John von Neumann, *The Computer and the Brain*, New Haven: Yale University Press, 1958.［ジョン・フォン・ノイマン著／柴田裕之訳『計算機と脳』筑摩書房（ちくま学芸文庫)，2011年.］

［5］John von Neumann, *Papers of John von Neumann on Computing and Computer Theory*, edited by Arthur Burks and William Aspray, Cambridge, MA: MIT Press, 1987.

［6］John von Neumann, *John von Neumann's Selected Letters*, edited by Miklós Rédei, American Mathematical Society, 2005.

［7］John von Neumann and Arthur Burks, *Theory of Self-reproducing Automata*, Urbana: University of Illinois Press, 1966.［ジョン・フォン・ノイマン，アーサー・バークス著／高橋秀俊監訳『自己増殖オートマトンの理論』岩波書店，1975年.］

［8］John von Neumann and Oskar Morgenstern, *Theory of Games and Economic Behavior*, Princeton: Princeton University Press, 2007.［ジョン・フォン・ノイマン，オスカー・モルゲンシュテルン著／銀林浩・橋本和美・宮本敏雄・阿部修一・下島英忠訳『ゲームの理論と経済行動』(3分冊）筑摩書房（ちくま学芸文庫)，2009年.］

［9］ジョン・フォン・ノイマン著／伊東恵一・山田道夫・新井朝雄・一瀬孝・岡本久・高橋広治訳『ノイマン・コレクション：数理物理学の方法』筑摩書房（ちくま学芸文庫)，2013年.

［10］ジョン・フォン・ノイマン著／長田まりゑ・岡安類・片山良一・長田尚訳

講談社現代新書　2608

フォン・ノイマンの哲学《てつがく》　人間《にんげん》のフリをした悪魔《あくま》

二〇二一年二月二〇日第一刷発行　二〇二四年三月四日第一一刷発行

著　者　高橋《たかはし》昌一郎《しょういちろう》　

発行者　森田浩章

発行所　株式会社講談社
東京都文京区音羽二丁目一二―二一　郵便番号一一二―八〇〇一

電　話　〇三―五三九五―三五二一　編集（現代新書）
〇三―五三九五―四四一五　販売
〇三―五三九五―三六一五　業務

装幀者　中島英樹

印刷所　株式会社ＫＰＳプロダクツ

製本所　株式会社ＫＰＳプロダクツ

定価はカバーに表示してあります　Printed in Japan

N.D.C. 116　270p　18cm
ISBN978-4-06-522440-3

「講談社現代新書」の刊行にあたって

教養は万人が身をもって養い創造すべきものであって、一部の専門家の占有物として、ただ一方的に人々の手もとに配布され伝達されうるものではありません。

しかし、不幸にしてわが国の現状では、教養の重要な養いとなるべき書物は、ほとんど講壇からの天下りや単なる解説に終始し、知識技術を真剣に希求する青少年・学生・一般民衆の根本的な疑問や興味は、けっして十分に答えられ、解きほぐされ、手引きされることがありません。万人の内奥から発した真正の教養への芽ばえが、こうして放置され、むなしく滅びさる運命にゆだねられているのです。

このことは、中・高校だけで教育をおわる人々の成長をはばんでいるだけでなく、大学に進んだり、インテリと目されたりする人々の精神力の健康さえもむしばみ、わが国の文化の実質をまことに脆弱なものにしています。単なる博識以上の根強い思索力・判断力、および確かな技術にささえられた教養を必要とする日本の将来にとって、これは真剣に憂慮されなければならない事態であるといわなければなりません。

わたしたちの「講談社現代新書」は、この事態の克服を意図して計画されたものです。これによってわたしたちは、講壇からの天下りでもなく、単なる解説書でもない、もっぱら万人の魂に生ずる初発的かつ根本的な問題をとらえ、掘り起こし、手引きし、しかも最新の知識への展望を万人に確立させる書物を、新しく世の中に送り出したいと念願しています。

わたしたちは、創業以来民衆を対象とする啓蒙の仕事に専心してきた講談社にとって、これこそもっともふさわしい課題であり、伝統ある出版社としての義務でもあると考えているのです。

一九六四年四月　野間省一